海岛明珠巴厘岛
BALI

《中国公民出游宝典》编委会 编著

《中国公民出游宝典》编委会

顾　　　问：刘振堂　刘一斌　杨伟国
编委会主任：高锡瑞

编委会成员（排名按姓氏笔画）：

万经章　王雁芬　卢永华　石　武　刘一斌
刘志杰　刘振堂　许昌财　江承宗　李玉成
吴克明　杨伟国　时延春　胡中乐　赵　强
高锡瑞　黄培昭　甄建国　潘正秀　穆　文

人文地理作者：胡中乐

策　　划：赵　强
责任编辑：黄　波
地图编辑：黄　波
责任印制：陈　超
图片提供：钟瑞明　微图图片　全景视觉
　　　　　胡中乐　志达影像　壹图网

总序

当今的中国已成为世界上顶级旅游大国之一，迄今我国已批准了140多个国家和地区为中国公民自费出境旅游的目的地，出境旅游的人数急剧上升，2012年全年已超过8300万人次。这就意味着我国的境外游已达到"升级换代"的阶段。至少对那部分有更高要求的游客，必须有新的旅游产品来满足他们新的需求。

中国地图出版集团旗下，测绘出版社文化生活出版分社组织编写的《中国公民出游宝典》丛书生逢其时，丛书由"人文地理"、"旅游资讯"、"地图导览"三部分组成，具有权威、代表、专业和针对性四大特点。这恰恰是面向中高档次的出境游客的一套货真价实的高端旅游丛书。

一、权威性。参与撰写"人文地理"的作者为我国前驻外使节及其他资深外交官。他们长期从事外事工作，不但熟悉驻在国（地）的地理环境、自然风貌，而且深谙当地的文化习俗、风土人情、历史沿革和特质长项。这些作者多为外交笔会成员，有写旅游丛书的经验，行文严谨、准确、细腻，耐人寻味咀嚼。所以，本丛书提的口号"大使指路，游客追捧，跟着外交官去旅游"是恰如其分的。

二、代表性。在世界200多个国家和地区中，精选出十几个国家和地区，其前提是旅游资源十分丰厚。我国开放出国旅游以来，中国游客青睐、向往之地，在人文、地理、自然、物产和良风益俗诸多方面具有独到之处，在地区或世界上颇有知名度，适宜较高品味的旅游享受。

三、专业性。由权威的旅游专家提供合理的旅游实用资讯，丛书配有执笔者与相关驻华旅游局提供的旅游目的地最新照片，进而图文并茂，游客可未到先知，扩大了选择的余地。抵达后"按图索骥"，更会加深美好的印象。特别值得一提的是，测绘出版社作为本丛书的策划者还提供了详实的旅游地图，方便游客的出行。

四、针对性。在我国经济与社会发展到当今的水平，中高档的出国旅游者，远不满足于浮光掠影、走马观花式的普通游览，提高知识性、趣味性、舒适性成为中高档游客的普遍诉求。故本丛书刻意着墨于"景点背后的故事"，以作者的感悟归纳与凝练，尽量做到简洁明快，易记好懂，令旅行者阅后犹如观实景，穿越时空的隧道，尽享上品的快意与雅趣。

旅游是一部永远读不完的百科全书。洞悉目的地国或地区的方方面面，本身就是对别人的一种尊重与欣赏。而当地人自然也会通过我们这些来自中国的游客，哪怕只是一颦一笑、举手投足，都可窥见中国人及其国家的品位、风貌和素养。坦言之，出版这套丛书有着双重初衷，既为中高档游客提供更多便利，也为我国游客在国门之外的言行举止称得上"中高档次"而提供帮助。让旅游目的地国在分享"旅游红利"的同时，也通过我们的游客分享我国的成长、进步与文明的果实。

刘振堂[*]

2013.6

---

[*]中国资深外交官，中东问题专家，前驻伊朗、黎巴嫩大使。

序

  提起巴厘岛，一条活蹦乱跳的金色小鱼儿历历在目。巴厘岛的地理形状酷似金鱼，有头、有嘴、有眼、有腰、有尾巴，甚至还有鱼鳃。从高空鸟瞰，它就像在海洋中遨游一般，岛中间的火山带起伏跌宕，似鱼骨；而岛边缘为平原，似鱼肉。对于巴厘岛的形状，人们大都形容它像只下蛋的母鸡，但它在我心目中已然是条充满活力的小鱼。

  到过巴厘岛的人，最深的印象就是金色的沙滩、绿色的椰林、黄灿灿的稻穗、人们热情的笑脸，以及美轮美奂的景观。它被世人称之为"天堂之岛""花之岛""南海乐园""神仙岛""千寺之岛""神明之岛""恶魔之岛""罗曼斯岛"、"绮丽之岛"等。俗话说："一方水土养一方人。"这里是宗教、历史、美景的绝佳融合地，不仅拥有碧海沙滩、热带阳光、田园农舍、森林草原、急流深谷，还有六座苍莽壮阔的火山。的确，巴厘岛的景色美不胜收，使人流连忘返。没有到过巴厘岛的人，可能永远也无法了解它的美。

胡中乐
2014.2

目 录
CONTENTS

PART 1 人文地理

巴厘岛概况　002

1. 位　置　003
2. 面　积　003
3. 人　口　003
4. 时　区　003
5. 区　划　003
6. 语　言　004
7. 农产业　004
8. 旅游业　004
9. 地理气候　005

发展历史　007

宗教文化　010

1. 根深蒂固的宗教信仰　010
2. 独特的巴厘印度教　012

风土民情　017

1. 锉牙仪式　017
2. 洁身仪式　017

3. 斗鸡活动 018
4. "庆祝死亡"仪式 020
5. 淳朴民风 023
6. 民间节日 026

文化艺术　　　　　　　　　　028

1. 舞蹈和音乐艺术 028
2. 绘画艺术 030
3. 雕刻艺术 032
4. 蜡染艺术 034

主要名胜　　　　　　　　　　036

1. 金巴兰海滩 038
2. 布撒基寺庙 038
3. 贾蒂卢维梯田 040
4. 情人崖 041
5. 阿贡火山 044

PART 2

旅游资讯
地图导览

最佳旅游时间　　　　048

实用信息　　　　048

1. 机票预订　　　　048
2. 酒店预订　　　　049
3. 穿衣指南　　　　050
4. 货币　　　　050
5. 购物退税　　　　051
6. 电源　　　　051
7. 电话　　　　051
8. 网络　　　　051
9. 银行　　　　051
10. 邮政　　　　052
11. 通信　　　　052
12. 小费　　　　052
13. 抽烟　　　　053
14. 卫生间　　　　053
15. 紧急电话与求助电话　　　　053

出入境信息　　　　054

1. 入境　　　　054
2. 出境　　　　055

交通　　　　　　　　　　056

1. 飞机　　　　　　　　　　056
2. 轮船　　　　　　　　　　056
3. 内部交通　　　　　　　　057

住宿　　　　　　　　　　060

1. 库塔住宿地推荐　　　　　061
2. 萨努尔住宿推荐　　　　　063
3. 努沙杜阿住宿推荐　　　　064
4. 金巴兰住宿推荐　　　　　066
5. 乌布住宿推荐　　　　　　066

饮食　　　　　　　　　　068

1. 特色美食　　　　　　　　069
2. 库塔美食推荐　　　　　　071
3. 乌布美食推荐　　　　　　072
4. 金巴兰美食推荐　　　　　073

购物　　　　　　　　　　074

1. 特色产品推荐　　　　　　075
2. 库塔购物场所推荐　　　　076
3. 乌布购物场所推荐　　　　078
4. 巴厘岛免税店推荐　　　　078

休闲娱乐　　　　　　　　079

1. 冲浪　　　　　　　　　　079

2. 潜水 080
3. SPA 080
4. 漂流 082
5. 出海观看海豚 082
6. 酒吧 082

不可错过的旅游体验 084

1. 情人崖：见证爱情的地方 084
2. 金巴兰海滩：美丽落日的浪漫 084
3. 库塔海滩：热闹而美丽的海岸 085
4. 海神庙：海上神秘的剪影 085
5. 百度库：巴厘岛最有名的避暑胜地 086
6. 阿贡火山：世界的肚脐 086
7. 巴都尔火山：巴厘岛上的"富士山" 087
8. 巴伦舞：巴厘人的神之舞 088
9. 巴厘岛式SPA：身体的极致享受 088
10. 漂流：惊险刺激的挑战 088

精华旅游路线推荐 090

1. 4日游精华线路推荐 090
2. 5日游精华线路推荐 091

巴厘岛海滩、海岛旅游热点 097

1. 努沙杜阿海滩 099
2. 南湾海滩 099
3. 梦幻海滩 100
4. 罗威那海滩 100
5. 库塔海滩 101

6. 萨努尔海滩　　　　　　　　　　102
7. 蓝梦岛　　　　　　　　　　　　102
8. 金银岛　　　　　　　　　　　　103
9. 珀尼达岛　　　　　　　　　　　103

巴厘岛庙宇神寺旅游热点　　　105

1. 海神庙　　　　　　　　　　　　106
2. 圣泉庙　　　　　　　　　　　　107
3. 水神庙　　　　　　　　　　　　108
4. 果阿拉瓦庙　　　　　　　　　　108
5. 乌布王宫　　　　　　　　　　　108
6. 卡威山印度教庙宇群　　　　　　109

巴厘岛特色公园旅游热点　　　111

1. 国立国家公园　　　　　　　　　112
2. 圣猴森林公园　　　　　　　　　112
3. 鸟园　　　　　　　　　　　　　112
4. 蝴蝶园　　　　　　　　　　　　113
5. 巴厘岛野生动物园　　　　　　　113
6. 神鹰文化公园　　　　　　　　　113

巴厘岛火山地质壮景旅游热点　115

1. 巴都尔火山　　　　　　　　　　116
2. 百度库　　　　　　　　　　　　117
3. 特加拉朗梯田　　　　　　　　　117

巴厘岛特色村庄小镇游热点　　119

1. 马斯(木雕村) 120
2. 巴土布兰(蜡染村) 120
3. 图兰奔 121

巴厘岛周边旅游热点　　123

1. 龙目岛 124
2. 吉丽岛 125
3. 科莫多国家公园 125

旅游须知　　126

1. 外交官旅游安全提示 126
2. 意外应急须知 126
3. 赴巴厘岛友情提示 127
4. 中国驻印度尼西亚大使馆和总领馆联系方式 128

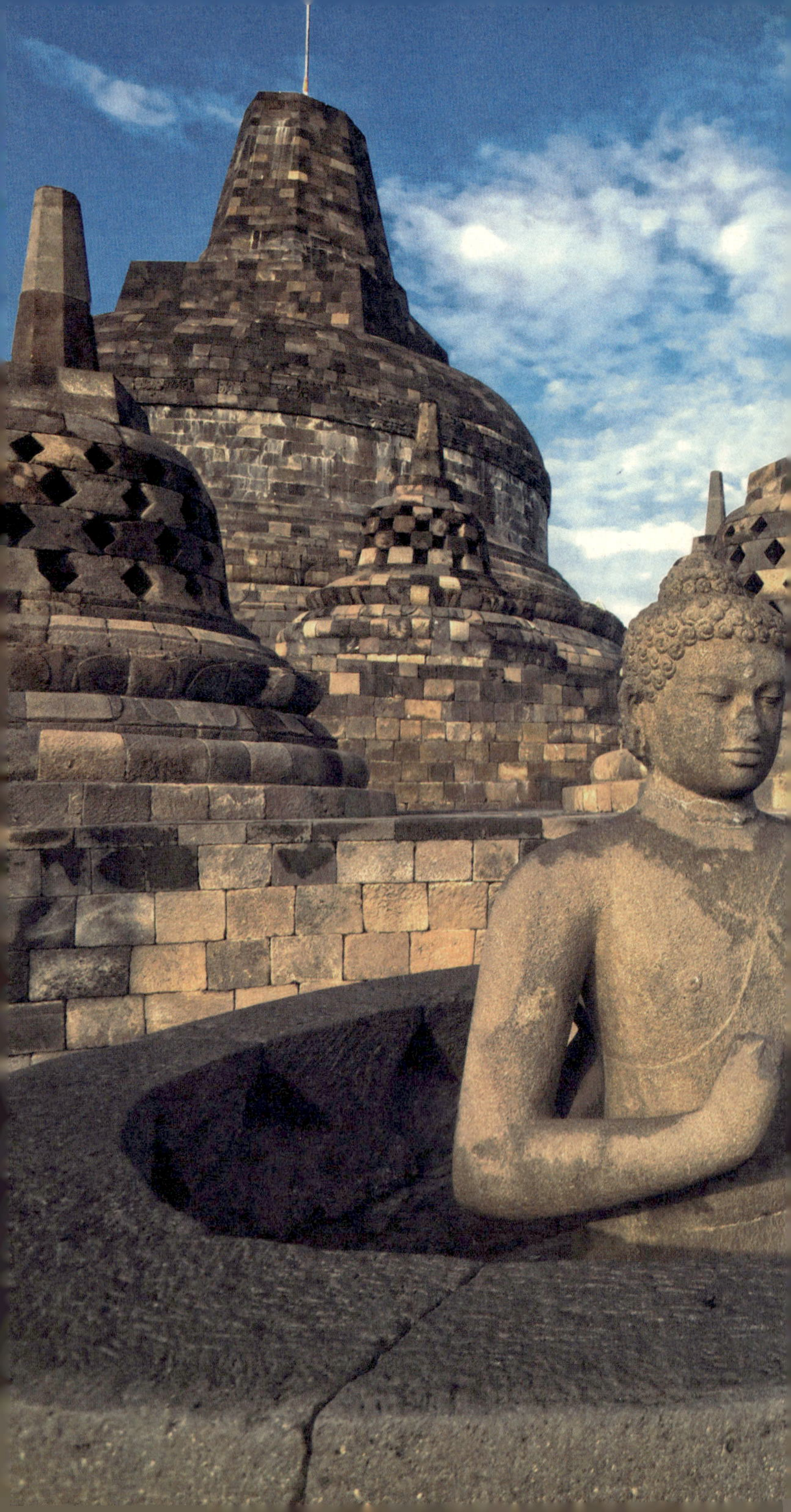

PART 1
人文地理

巴厘岛概况

巴厘岛（Bali），在印度尼西亚（以下简称"印尼"）行政上称为巴厘省，是世界上著名的旅游胜地。巴厘岛是印尼唯一信奉印度教的地区，但也有少量的其他教派。岛上绿水青山、万花烂漫、林木参天，因巴厘人生性爱花，处处用花来装饰，所以该岛有"花之岛"的美称，并享有"南海乐园"的美誉。

1. 位 置

   巴厘岛是印度尼西亚的一个省，位于印度洋赤道以南8°带，爪哇岛东部，小巽他群岛西端。巴厘岛距该国首都雅加达1000多千米，与爪哇岛之间仅有3.2千米宽的海峡相隔。

2. 面 积

   面积约5630平方千米

3. 人 口

   人口约315万，人口密度仅次于爪哇，居全国第二位，居民主要是巴厘人。

4. 时 区

   与北京同属东8区，无须倒时差。

5. 区 划

   行政划分为8区1市，其省会设于海岛南部的登巴萨市。

6. 语 言

印度尼西亚语是巴厘岛的官方语言,方言为巴厘语,英文广泛使用。此外,荷兰语、德语、法语、日文及中文也在某些地方使用。因为印尼有许多早期从福建和广东等地移民的老华侨,巴厘商贩们也在学习中文(或闽南语)。

7. 农产业

巴厘岛土地垦殖率达65%以上,出产稻米、玉米、木薯、椰子、咖啡、烟叶、花生、甘蓝、洋葱、水果与棕油等。牛、咖啡与椰干为主要出口产品。农业生产多以集体合作形式进行。巴厘岛东侧的龙目海峡是亚澳两大陆一部分典型动物的分界线,在生物学上有特殊意义。

8. 旅游业

旅游业是巴厘岛的支柱产业,每年创造的产值占全印尼旅游业的四分之一,国内生产总值(GDP)的1%~1.5%。当地居民80%从事旅游业。据统计,每年的外国游客总数有300多万人次,酒店住房率达到90%。游客以澳大利亚、日本和欧美为主,但自2006年起,中国游客已占总数的四分之一,故该岛把中国作为很重要的旅游客源市场加以开发。

巴厘岛庙宇

9. 地理气候

（1）地 理

巴厘岛是印尼诸多岛屿中最耀眼的一个岛，位于印度洋赤道以南8°带，爪哇岛东部，东西宽140千米，南北相距80千米，位于小巽他群岛西端，形状大致呈菱形，主轴为东西走向，地势东高西低，山脉横贯，日照充足。大部分地区年降水量约1500毫米。

巴厘岛北部有一火山带贯穿东西，其中阿贡火山海拔3142米，被称为"世界的肚脐"。火山带从南至北延伸，是岛上主要生产农作物的肥沃稻田。西部人口稀少，属非耕种区域，也是国家公园所在地，有着丰富罕见的植物和鸟类以及壮观的海底世界。国家森林保护区在西部的珍巴拉纳，仍有

印尼火山

熊、野猪和鹿等动物。最大湖泊是巴都尔湖。最主要的两条河流为帕克里桑河和贝塔努河,河的两岸曾经发现许多古代帝国的遗迹。

(2) 气 候

巴厘岛地处赤道,属于典型的热带雨林海岛气候,炎热而潮湿。全年平均温度约28℃,平均湿度为60%～100%。每年的10月到次年3月为雨季,其他时间为旱季。虽然雨季中比较潮湿、阴霾,暴风雨也较多,不过仍然可以使人享受到不同风格、风景各异的度假乐趣。

旱季4月至9月是游览巴厘岛的最佳时机。在欧洲、美国和日本放暑假期间,来这里旅行的人最多,7月、8月和9月初是旺季,旅馆房间紧张,房价较高。许多澳大利亚人在圣诞节和1月初之间抵达,印尼人一般会在节日期间游览巴厘岛。避开这段时间,巴厘岛是个相对宁静的地方。

发展历史

巴厘人由多种南岛移民，于公元前2500年的史前时代混血而成。史料记载，公元前300年时的青铜器时代，巴厘岛已有了非常进步的文化，现在仍在使用的农田灌溉组织和系统就是沿袭当时的技术。

10世纪时，印度文明影响全东南亚，经过爪哇岛传入巴厘岛，形成了后来的巴厘文学、艺术、社会组织和政治雏形。在爪哇岛佛教王国夏连特拉王朝时代，佛教及印度教传入巴厘岛。爱尔·卡首次将巴厘岛与爪哇岛统一，其后经过新柯沙里王朝，1343年爪哇岛印度教王国麻诺巴歇再次统一两地，印度教开始大规模进入巴厘岛，并和原来的佛教进行融合。1515年伊斯兰教入侵爪哇，促使了大批印度教的僧侣、贵族、军人、工匠和艺术家逃亡到巴厘岛，造成16世纪巴厘的黄金时代，呈现印度教文明的繁荣。1550年巴图仍贡建立了第一个巴厘王国。

与此同时，来自欧洲的白人开始拜访巴厘岛。巴厘异教徒的神秘色彩、富足的社会文化和温暖的气候，令荷兰探险家们既好奇又心动，幻想着只要将荷兰的文明和商业带进巴厘，就可引导巴厘人走向更美好的未来。1588年西方人第一次来到巴厘岛，据说三艘荷兰航海家船只失事后到达岛上，后来能够搭船回国时却只有一个人愿意回去，可见巴厘岛的魅力。其后进入荷兰殖民时期，殖民当局在很长时期只专注于资源掠夺和海上贸易，并未将巴厘岛纳入进来。直到20世纪初，荷兰人才决定征服该岛。1816—1840年，荷兰人入侵巴厘时，不屈不挠的巴厘人不论是国王还是平民都身着素装，高举着克利斯短剑，带领着家眷儿女与殖民者进行生死决战，用生命保卫自己的家园。

巴厘土著在抗争无效之后，选择大规模集体自杀，1906年登巴萨王室贵族几乎全部自杀于荷兰军队面前（现登巴萨市政广场上有纪念碑）。1908年，荷兰的国旗终于插遍了整个印尼（包括巴厘岛），巴厘贵族们在几次为尊严而自杀的普普坦仪式中，结束了贵族统治时代。自杀事件经新闻报道后传到欧洲引发了强烈地震动，这场震动迫使殖民者实行较为人道的统治，巴厘岛的传统文化特色也由此得以保持下来。荷兰人在巴厘岛统治了34年，接着在第二次世界大战时又被日本人占据了三年。直到1949年，在联合国的干涉下，荷兰才退出印尼。巴厘岛自然成为独立后印尼的一个省。

巴厘岛帕当湾船

宗教文化

1. 根深蒂固的宗教信仰

巴厘岛有着与众不同、极其独特的宗教文明。

在巴厘岛，居民家里都设有家庙，家族组成的社区有神庙，村里也设有村庙。在岛上随处可见一种用棕榈叶和藤条编织而成的小篮，里面盛放着鲜花和香烛，放在佛像身上、脚下和摊贩们的柜台上，甚至官员的办公室里也摆放有。这些宗教在巴厘人的生活中是至高无上的，居民主要供奉三大天神(梵天、毗湿奴、湿婆神)和佛教的释迦牟尼，他们信奉"万物有灵"，同时祭拜太阳神、水神、火神、风神、月神、山神、路神、湖神、猴神、龟神、桥神等，可以说，神明无时无处不在，因此巴厘岛还有"神仙岛"之称。

这些香烛和鲜花每天早中晚换三次，而那些头顶托盘、盘里盛放供品的妇女会被认为是高尚的人。岛上处处可见大大小小、形态各异的石雕，除了佛像，还有象面人身、狮面人身神像，它们是印度诸神的化身。印度教的教义已经深入到巴厘人的生活中，成为生活准则和无处不见的生活习惯。值得提醒的是，那些放置在门口路中央的供品，代表恶，是毁灭的象征，游客不要去碰它。具有印度教色彩的"通天门"为当地标志性建筑，在道路两旁和住宅门前随处可见，"通天门"是平安和财富的守护神象征，任何人经过这道门，都可以把美好的东西留下，把所有不好的东西拒之门外。

村庙

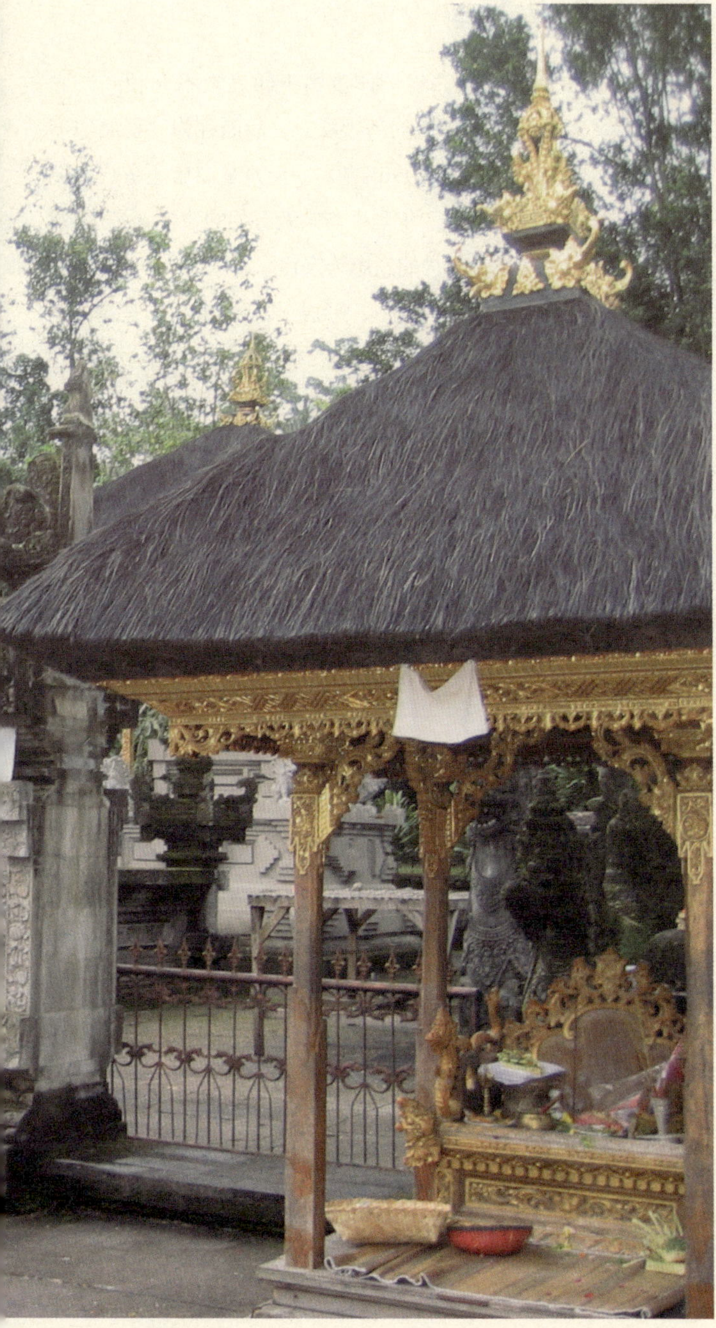

2. 独特的巴厘印度教

巴厘人信仰印度教,但与印度本土印度教不大相同,它是印度教义和巴厘风俗习惯的巧妙糅合,故而称为"巴厘印度教",其信徒占全岛总人口的90%左右。无论是商店还是政府机构,各种神庙随处可见。一年当中与宗教有关的节日就多达198个,人的一切活动都要以神的意志为宗旨。

印度教是世界主要宗教之一,形成于公元8世纪,它综合了

海神庙

各种宗教，主要是由婆罗门教和佛教信仰产生出来的一个新教。公元前16世纪，雅利安人进入印度，开始了印度本土的古老文明。印度教，起源于哈拉帕的转世及灵魂不死之说，认为凡人一生中产生的业，决定了其灵魂下次转世重生时，究竟是成为更高等或更低等的人，还是变成一头兽，或者是一只昆虫。人的生命包含具有神的不朽创造力的永生幽灵，而灵魂则能够再生或转世。每一种生命都有灵魂，善恶将得到报应，这种轮回周而复始，无始无终。要得解脱必须达到梵我如一的境界，即灵魂与神合而为一。

爪哇岛的佛教王国夏连特拉时期，来自印度和爪哇的移民陆续抵达巴厘岛，初步将印度教的影响带到巴厘。在巴厘岛发现的最早的碑铭中，有的用梵语字母拼写巴厘语，还有的直接使用梵语记录当时的情况。这表明以梵语为代表的印度教文化，在巴厘岛有文字记载的历史之前就在当地生根了。

巴厘印度教之所以能够在巴厘岛经久不衰，是由其地理环境、经济条件、多种信仰以及性格种姓等多方面因素造成的。

（1）地理环境因素

巴厘岛南部属平原地带，雨水充沛，盛产稻米，经济繁荣，但是气候诡谲莫测，并不是海上交通的理想中转点。而巴厘岛北部多山地，平原少，降雨量低，只出产一些椰子和柑橘，虽然面对素有"亚洲地中海"之称的爪哇

巴厘岛乌鲁瓦图情人崖

海，但是作为海上贸易的补给站却不适合。此外，巴厘岛也不生产国际市场畅销的香料、橡胶等经济作物，粮食产量属自给自足。这样的地理，不适合伊斯兰教传播和西方列强殖民，故没有对印度教带来毁灭性的冲击。

（2）经济条件因素

巴厘岛农业繁荣，使印度教得以传承。印度教的哲学就是农耕经济的哲学，两者密不可分。巴厘岛排斥商品经济和大规模的商业贸易。

（3）多神信仰因素

印度教的主要特点，同巴厘岛原始的精灵崇拜有相通之处。巴厘人似乎过于忙于宗教活动，以至于无暇对宗教本身进行更多的思考，自然不会想到去寻找一种新的信仰来代替印度教。

（4）性格特性因素

巴厘人笃信传统，辉煌的历史使他们倍感自豪。生性不服输，独立意识强。从1684年的苏拉帕迪起义可窥见一斑，当时

巴厘人成功地抵御了各伊斯兰教王国扩张的企图。

(5) 神秘主义因素

巴厘人认为"神灵无处不在",可以幻化在石头、树木、房屋等事物之中,神灵们时时刻刻在人的周围,监督着人的言行举止,人与神之间是可以通过祭祀或某种宗教方法合二为一的。还可以运用咒语,借助神力,驱害避难。

(6) 种姓制度因素

它没有像印度那样严格。虽然巴厘人也分为4个种姓,但将前3个视为贵族种姓,最后一个是平民种姓。在巴厘人的种姓中,婆罗门、刹帝利和吠舍占印度教徒总人数的15%,其余85%的广大群众属于平民种姓——首陀罗。在日常生活中,种姓差别只表现在一些不十分重要的规则和禁忌方面。

巴厘印度教是整个社会得以正常运作活动的精神支柱,共同的宗教习惯形成了全地区性的价值观。衡量一个人好坏最重要的标准,就是看他是否敬拜巴厘印度教等的神灵。

巴厘岛传统舞蹈

风土民情

1. 锉牙仪式

巴厘人在小孩1岁时举行由高僧主持的取名仪式,请德高望重者在若干纸条上写下不同的名字,让小孩自己抓。锉牙仪式是将上颚的门牙和犬牙锉平,是儿童进入成年期不可缺少的礼仪之一。当地人认为,人的6颗门牙和犬牙分别代表着懒惰、不信教、不坚强等6种罪恶,如不锉平,则无法摆脱邪恶成为大智大勇者。所以,男孩17岁、女孩15岁便锉牙。仪式举行前须在空房里隔离3天。锉下的残牙装进染黄的椰壳里,埋在祖宗的神龛旁。

2. 洁身仪式

洁身仪式是女孩子一生中最为重要的仪式之一。少女在月经初潮时都必须被幽禁在卧室,房门前悬挂着鲜嫩的椰叶,任何男人和外人都不得进入。贵族富人家的少女,还要为她在村里敲响木梆,宣告姑娘已到花季,可以婚配了。初潮结束后,家人将在宗教场所举行洁身仪式。由巫师为净身后的少女穿上金线绣花绸衣,戴上鲜花编织的桂冠,并让她坐在强壮英俊小伙的肩上被扛进大厅。在冗长的仪式后,少女还要由家人陪同乘坐彩车前往庙宇拜神谢恩,并在家中设宴祭祀神灵,款待宾客。

巴厘少女

斗鸡活动

3. 斗鸡活动

巴厘岛的斗鸡活动别具一格，已有千年历史，至今盛行不衰。过去，斗鸡是巴厘印度教的一种仪式，据说斗鸡中伤鸡的鲜血可以净化土地，抚慰饥饿的冤魂，因此斗鸡都在寺庙前举行。现在斗鸡已失去原来的宗教意义，只是一种娱乐活动而已。巴厘人一般都喜欢看斗鸡，从七八十岁的老翁到刚刚几岁的娃娃，都以一睹斗鸡为快。

每逢斗鸡，观众总是里三层外三层地围满斗鸡场地。斗鸡，

属于巴厘男人的"专利",妇女不沾边。巴厘男人差不多都有一套成熟的饲养、训练公鸡的技巧。不过,有的人只是把它当做业余爱好,而有的人则作为谋生手段。这种人不事务农,整天侍弄公鸡。在巴厘岛,人们常会看到这样的情景:黑瘦的妇女或身背小孩冒着炎炎烈日在田间果园辛勤劳作,或头顶农副产品跋山涉水到集市去出售,而身强力壮的男人却与其心爱的公鸡在树荫下乘凉。

由于盛行斗鸡,公鸡在巴厘岛有着突出的身价、地位,一只英勇善战的公鸡价格往往高得惊人。平时,被选作斗鸡用的公鸡享有许多特殊待遇:主人每天给它梳毛;用搀着洋葱和香草的水给它洗浴;用鲜牛粪和豆蔻汁给它按摩;傍晚带它去散步;在条件优裕之家,它还有专门的摇篮,主人还时常用甜蜜的语言亲昵地与它"交谈"。至于食物,更是普通鸡所享受不到的,除了粮食,含有高蛋白的小青蛙、蜗牛是它们的家常便饭。

斗鸡开始之前,参加较量的公鸡被喂以剁碎的辣椒,脚上绑上靴刺。双方的斗鸡上场后,裁判员先行检查,称鸡的体重,然后宣布下赌。接着,以鸣锣为号,斗鸡正式开始。这时主人放开怀里的公鸡,让它们飞向战场,一决雌雄。此刻,赛场周围人们顿时鸦雀无声,只听见两只鸡怒目相视、上下飞舞、声嘶力竭的格斗声音。一场较量需有五个回合,但往往回合未满,一方已倒在血泊中。斗鸡胜负由裁判员裁决。

总的来说,巴厘男人大多数都憨厚勤快,工作中埋头苦干,忙完了该做的活儿之后,就专心一意地守着宠物斗鸡。他们对斗鸡的期许,全寄托在祭祀庆典上,那是公认可搏技下注的场合。赢家领取赌金及败死的鸡,赌金入荷包,死鸡则上了餐桌。

4. "庆祝死亡"仪式

到巴厘岛后,你会发现"死"其实也是人世间一件快乐的事。它是上天的造化,是人类不断繁衍生息,不断轮回的生命力所在。中国著名书圣王羲之说"仰观宇宙,游目骋怀,其致一也",道出了不论达官贵人、平民百姓,其最终的归宿都是一样的,不一样的只是各自生活的过程不一而已。

巴厘岛的村庄里若近期将举行祭祀或婚丧喜庆,定会着手编织、雕刻以作装饰,人们路过见到了,村民们会十分欢迎你届时光临并同欢共乐。结婚庆典,无疑乃人间大喜,而死亡对巴厘人而言,是灵魂得以超脱,无须大悲,他们的习俗是要"庆祝死亡"。巴厘人认为,人死后未经火葬的死者灵魂污秽不堪,会带来灾难。火葬葬仪隆重而热烈,也是巴厘岛上的奇

巴厘火葬

观之一。火葬在人死后第42天举行，之前将尸体进行处理，用各种香料制作的液体将尸体浸泡，用布包扎，放在竹筐里。火葬前一天，亲属们穿上最华美的盛装，男子还要佩带宝剑，进行游行，晚上举行盛大的文娱晚会，表演傀儡戏，等待第二天的到来。

在音乐伴奏下，男人们争先恐后地赶来抬尸体，妇女们则每人带来一瓶从寺庙中取来的圣水，还有一群给死者灵魂带路的活小鸡摆放在列队前。祭司祈祷完毕，发放弓矢出发，祭司手执红法冠，在尸体面前引导，队伍必须走弯弯曲曲的路线，以避开凶神恶煞，以免使死者灵魂失去方向，找不到归路。进入火葬场，先由死者近亲割开裹尸布，祭司登上竹塔的平台，大声念祈祷词，把许多古钱撒在上面，算是贿赂给死神的赎金，妇女们将圣水洒在尸体上，再把盛圣水的瓶子摔得粉碎。接着，就将尸体移入兽形木棺，待到夜幕降临，放火焚烧。

在火光的照耀下，庆祝仪式开始，乐队奏乐，观众狂欢。其中一项主要活动是拔河赛，双方争夺装有尸体的棺木，一边代表天使，另一边是恶魔，双方争夺反复，当然最后总是天使胜利。全部活动都贯穿着豪饮和歌唱，死者的家属们并不悲伤。他们认为，如果过分悲伤，将会妨碍死者灵魂升天。尸体逐渐化为灰烬，群众才渐渐散去。亲属们将骨灰收拾起来，装入椰子壳内，在祭司祈祷下，把骨灰抛进大海。

隆重的火葬仪式费用昂贵。前吉安雅区的国王去世，花费竟高达500万美金。大规模的火葬往往有上千人来抬笨重的竹塔和棺材。竹塔的高低视死者身份而定，有的高达20多米，有十一二级，低的也有三四级。棺材是动物形状的，僧侣、富人的棺材雕成牛形，勇士为飞狮形，普通人则为半象半鱼形。塔形竹架的大小及仪式的隆重程度，全仰仗丧宾的身份、地位及财力而定。在巴厘岛，每隔十年左右，还将举行一次大规模的集体火葬，由大家分担费用。此时，巴厘人便清理岛上的所有坟墓，将尸体、骸骨集中火化，让那些不安的灵魂得到安息。同时，也使得巴厘岛上的山山水水永葆清洁如初、一方净土的自然状态。

5. 淳朴民风

在异域巴厘岛上,生活宁静、自然,淳朴的巴厘人乐观、豁达、感恩,这里处处洋溢着与世无争的生活态度和宽容的民族性格。他们热爱大自然,崇拜生命。

到巴厘岛,行走于街道上,人们常能看到当地岛民成群结队地坐着摩托车,带着头盔并用厚厚的长衣包裹着自己。据导游说,不管世界如何进步、发达,产生多大变化,巴厘人总是熟视无睹,本分、安然、重复地过着自己的生活。他们工作时认真工作,用餐时喜悦地进食,睡觉时安详地睡眠,与万物众神和平相处,心无旁骛地过着每分每秒,生活逍遥而自在,堪称为生活的哲学家。

圣泉庙

（1）爱干净的巴厘人

巴厘人很爱干净，上至五星级宾馆饭店，下至田园村落的厕所，都无异味，尽管有的设施显得陈旧不堪，但却整理得井井有条，人们时常用水来冲刷干净。

（2）道德约束力良好的巴厘人

巴厘人不仅在宗教上有自己的一套认知，在生活管理上更有一套不同于官方的版本。虽然政府明文制定了县市村的行政管理系统，但真正推动管理的是叫"Banjar"的自治组织。它是比"村"还小一级的单位，由百来户民家构成，属于巴厘的自治组织，不在政府机关的档案上，从每户人家的婚丧喜庆到个人行为的赏罚，都经由每月月会决议处理方案。严谨的自治组织使得户户声息相通，鸡犬相闻，形成一股强悍的道德约束力，可谓"治国如烹小鲜"也。

（3）贵族、贫民平起平坐

源于宗教上的阶级制度，在巴厘岛是存在的，但如同信仰宗教的态度，凡事圆融的巴厘人对于阶级制度也不那么严苛认真。在巴厘岛四种阶级不仅平起平坐，用词遣字也不局限是高阶语或低阶语，而随着经济力量的渗透，以往明列在名片上的

漂流

海神庙

阶级封号,也逐渐被傲人的学历所取代。不过,入境随俗是基本常识,这四种阶级还是得谨记在心,以免在祭祀等注重身份的特殊场合里误蹈禁忌,百口莫辩。

(4)本分、随和的巴厘人

巴厘人对自家人不问出身,对外来客不分来处,纯真的随和态度,使巴厘岛成为人们共同信赖、寄放心灵的休憩站。可贵的是,巴厘一年接待百万访客,可依旧不改本色,沧海仍是沧海,桑田犹然是桑田。早晚供奉的规矩和沐浴的习惯世代不改,尽管常有观光客群聚围观,巴厘人仍视若无睹地过自己的日子。

逍遥度日是巴厘人的生活态度,但这可不表示他们懈怠。事实上,每天天蒙蒙亮的时候,巴厘岛的男人就荷锄下田勤力耕耘,女人则洒扫备餐照顾牲口。待到日头高升,大地变得炙热,男人们便暂停手边的工作,返回家中看顾心爱的"斗鸡"。但是此时正是睡眼惺忪的观光客才刚出门活动的时候,当他们看到街上抱着斗鸡纳凉聊天的巴厘男人,便会认定这些巴厘的男人们是一群不事生产的懒人。久而久之,这项有欠公允的成见,竟成了巴厘男人通行全球的负面印象,仿佛那赏心悦目的梯田是自个儿长出来似的。

6. 民间节日

（1）加隆安

加隆安（Galungan）是一个为期十天的庆典，为庆祝暴君Mayadenawa的死亡而设立，节日期间每家每户会在门口摆放各种祭品和迎神驱邪的物品。加隆安的最后一天称为"Kuningan"，是十天庆典中最隆重的日子。

时间：每年1月，持续十天

（2）涅琵

涅琵即印度教新年，又称安静日(Nyepi)。在涅琵前一天，人们会举行大型的祭祀活动，上街狂欢、跳舞等，非常热闹。涅琵是巴厘岛最特殊的一天，这一天岛上的一切都将关闭，第

涅槃节

二天早上6点才会开启。节日当天，所有人必须待在家里，包括游客在内都被要求待在酒店不能出门。街上还会有专人巡视，机场也会关闭一天。岛内十分安静，节日的目的是为了人们能够反思自己的内心。

（3）巴厘岛艺术节

巴厘岛艺术节为期一个月，届时来自世界各地的舞蹈家、戏剧家、音乐家、画家等齐聚登巴萨的艺术中心，向游客们展示自己的作品。

时间：6月15日至7月14日

（5）巴厘岛祭祖节

巴厘岛祭祖节又称"加化根"节，一年一度的祭祀祖先的节日，也是一年中最大的节日。这一天从清早到夜晚，巴厘岛各大庙宇内将香火不断。

时间：8月13日

（6）独立纪念日

印度尼西亚全国性的节日，是印度尼西亚脱离荷兰殖民统治宣布独立的日子。

时间：8月17日

（7）库塔狂欢节

库塔狂欢节（Kuta Karnival）是巴厘岛最热闹的节日之一，包括游行、艺术大赛、文化展示、海滩运动锦标赛、放风筝竞赛等，整个库塔呈现出一片狂欢热闹的景象。

时间：9月底至10月初

文化艺术

巴厘岛是一座"艺术之岛",为世界艺术家们提供了无数灵感,也吸引了众多收藏家前来淘宝。宗教文化让巴厘岛变得风情万种,艺术与宗教相结合所形成的富于神秘气质和古老魅力的独特风采,让这座赤道附近的小岛产生了独特的艺术氛围。

1. 舞蹈和音乐艺术

舞蹈和音乐是巴厘岛的绝技,古典舞蹈婀娜多姿,在世界舞蹈艺术中具有独特的地位。巴厘舞蹈颇有"印度风",内容也大都是娱神的。舞蹈动作特别强调手指和腰肢的律动,幅度大而夸张,眼神左顾右盼,流波溢彩,妩媚撩人。

巴厘舞蹈品种繁多，不同的场合跳不同的舞蹈，几百年来演的大都是印度史诗《罗摩衍那》和印尼流传的神话传说，舞剧一开锣，观众就知道剧情。然而他们仍百看不厌，究其根源，观众的热情来自宗教情结，目的是为了酬谢神和娱乐神。大家泰然自若地欣赏着舞蹈者的表演，舞者和观众，舞者和神灵，神灵和观众，皆通过优美的舞姿和强烈的音乐节奏来进行心灵的沟通，达到天人合一，人神合一的境界。最撼人心弦的莫过于桑扬舞的表演，舞者在表演前已进入发乩的催眠状态，随着节奏的加快，舞者近乎疯狂，待神灵附体达到高潮，整个会场沸腾起来。

下面介绍两种巴厘常见的舞蹈。

巴厘岛乌布"满月仪式"

（1）巴伦舞——狮子与剑舞

该舞蹈是一出当地最出名的舞蹈，也是巴厘舞蹈艺术的精髓。它讲述了善与恶的交锋，完整地展现巴厘人的宗教信仰和审美观。演奏的时候，乐团成员一律身着民族服饰，男人留着八字胡须，头戴一种特别的船型小帽。舞蹈从一开始就是为了酬谢神和传达神的信息。考古证明，很早的时代就出现湿婆正在跳舞的神像造型，其用舞蹈节奏来控制世界和表达旨意。

（2）皮哇扬

皮哇扬是比较具代表性的娱乐形式，故事题材均取自印度教《摩诃婆罗多》《罗摩衍那》两大史诗，以《罗摩衍那》为多。

巴伦舞蹈表演者

在巴厘岛酒店中每天都能听到竹筒打击乐演奏，但这并不是完整的巴厘音乐。佳美兰音乐融合铜乐、鼓乐、弓弦乐，据说还包含有中国古乐调的元素在里面，优雅动听，意境深邃。

2. 绘画艺术

巴厘绘画在印尼可说是独树一帜，传统的巴厘画作以写实为主，它是在巴厘古典画的基础上发展起来的。绘画所用的色料以牛骨粉制成，有红、蓝、黄、棕、赭、黑、白色七种颜色，主要用作宫廷壁画，为庙堂布幔绘神像或作贵族人家室内装饰画。自20世纪

巴厘岛艺术商品店

巴厘风光

30年代起,一些西方画家来巴厘作画,带来了西方现代绘画工具和色料,并传授西方绘画技巧,使巴厘的古典绘画艺术增添新的色彩,技艺也更趋精湛,形成了如今的新风格。

巴厘绘画艺术主要以自然风光、各种人物及动物为题材。巴厘岛碧蓝的海水、蔚蓝的天空、洁净的沙滩、翠绿的梯田、古老的神庙、窈窕的舞女等取之不尽的绘画素材是画家的创作灵感来源。这些画作笔触细腻、生动逼真、写意达境,深受人们的喜爱。同时,巴厘人也发展了西方油画,年轻一代艺术者学习西方油画的人越来越多,他们的作品在街头或海滩边展卖,常被外国游客购买作为纪念品。画宫博物馆和内卡博物馆,收藏有很多巴厘岛传统的油画艺术品。

只要踏上巴厘岛这块土地,在商店、画廊或者居民家中便不难发现这样的画面:一个妖魔正用一根杵状的东西往一名男子嘴里捣去,因为这名男子生前总是欺骗别人;另一侧,一个狠心的妇女因为不愿哺乳自己的孩子,在地狱里被罚哺乳两只蝴蝶的幼虫。这是巴厘岛典型的反映印度教伦理思想的画作。

巴厘绘画对世界绘画艺术的发展有着深远的影响,比如印象大师高更、比利时的马尤尔，他们的画作都带有浓厚的巴厘岛风格。1932年，马尤尔来到巴厘岛留居，娶了当地人为妻，他后来的画作就带有浓郁的巴厘岛风格，他的那些作品在西方引起了很大的反响。巴厘人坚信，人死后要接受审判，所犯罪孽必须在地狱中一一抵偿。

> **贴士**
>
> 乌布是巴厘绘画重镇，蜚声世界的艺术村，同时也是选购手工艺品的最佳地点。到乌布购买巴厘画作选择多，价格也比南部便宜不少。这里的艺术馆很漂亮，值得一观，另外尼加艺术馆也收藏了很多珍品。

这些绘画作品通常含有警喻世人的意味，其线条较为粗犷，色彩也并不柔和、细腻，常常用大片的黑、白和红的色彩来强调和渲染画作的气氛，令观者看后感到莫名的神秘。此外，天国、人间和地狱的题材也通常是巴厘绘画的展现重点。

3. 雕刻艺术

巴厘的雕刻艺术技艺高超，闻名世界。作品多以宗教和现实生活为题材，材料有质地坚硬的花岗石，有各种软硬木料，也有象牙、骨头、金属、兽皮等。在各种雕刻艺术中，最具代表性的是石雕和木雕。在巴厘岛，石雕主要集中在巴都布兰，木雕在马

乌布传统木雕

神庙

斯,银器在哲鲁,其中以木雕最为出名,主要是木质珍贵。

(1) 石雕

公元1世纪后,所雕刻的形象大多为佛教和印度教的诸神及传说中的神奇动物,石雕作品主要用于装饰神坛庙宇。在巴厘岛,用石雕装饰的庙宇随处可见。位于中爪哇的婆罗浮屠佛塔和普兰班南神庙就是精美绝伦的石雕艺术代表作。后来在中国文化和伊斯兰文化影响下,石雕作品更加多样化,用途也更加广泛,它不仅仅用作陵庙装饰,而是更多地构成一般建筑物的装饰品。巴厘岛的宫殿、豪宅及娱乐场所的大门口,人们常可看到形象极为夸张的大头、大眼、大嘴石狮威风凛凛地守护在大门两侧,给建筑物和庭院平添了一种威严之感。这种传统的石雕技艺世代相传,一些著名的石雕作坊如今仍散布在巴厘等地。

(2) 木雕

巴厘木雕传播较为广泛,是一种传统工艺品。人们把自己崇拜的印度教诸神用木头雕刻出来,供奉在庙宇、庭院、堂室内。后来代代相传,便产生了无数能工巧匠。有些人虽目不识丁,却身怀绝技,能雕出精美无比的作品。木雕大都用质地坚硬、花纹细密的乌木、柚木以及檀香木、黑檀木等雕刻而成,其造型五花八门，有活灵活现的神鹰、神牛、雄狮、雄牛、骏马、虎豹、鹿等动物和各种禽鸟，有惟妙惟肖的巴厘渔夫、少女，有民间故事中脍炙人口的传奇人物，也有当代各种抽象艺术形象。由于雕工精致，形象逼真，到巴厘旅游的外国游客几乎无人不买一两件木雕留做纪念。马斯是巴厘岛木雕之乡，这里集中着岛上最优秀的雕刻师，其中一些占地不小的艺廊展示着他们的作品。我们可以看到雕刻师现场展示手艺，另有一群妇女在一旁作细部磨研。他们同时出售部分人物、动物等作品，还出售较大型的家具如全套桌椅、衣柜等，形形色色，高雅珍贵。

4. 蜡染艺术

想要参观巴厘的蜡染艺术，可以到巴厘岛著名的蜡染村。到这里可以亲眼看到巴厘姑娘织布和为游客进行布艺蜡染。据蜡染村的布商说："郑和七下西洋，使中国的佛教建筑技术以及陶瓷文化、丝绸文化在印尼得到了广泛的传播，给当地带来了中国丝绸的同时，还教会了他们纺织印染。"也许很多人认为中国的蜡染很多，不足为奇，但是巴厘岛知名的蜡染布艺"仁辛科"是分经纬染色后编织而成的，这种艺术世界仅有。一件"仁辛科"服装需耗时数年才能编织完成，不过现在已极少见到，那是有身份的人在重大祭祀时才穿的服饰。

巴厘岛蜡染布艺

主要名胜

巴厘岛是人们向往的蜜月和度假胜地,在这里你可以耳听海风、脚踩细沙、鼻闻花香。不管是在金巴兰海滩上看最美的落日,还是深潜入海看鱼群穿梭,或在情人崖边聆听一段凄美而浪漫的爱情故事,这里的一切都可以唤醒人们心中的浪漫情怀,让浮躁的心平静下来。

情人崖

1. 金巴兰海滩（地图P095C3）

　　金巴兰海滩号称世界十大美丽落日景点之一。这座海滩因为美丽的落日以及捕鱼人特殊的作业方式而出名。海滩上的渔民仍然采用古老淳朴的小木舟出海捕鱼，而海滩的周边则增添了许多宾馆和饭店，然而商业行为并没有泯灭小渔村的原本风貌，村民们反而用他们特有的热情和朴实使得整个海滩极具亲和力。傍晚，金色的阳光夺目却不刺眼，洒下一片金辉，将海面渲染得金光粼粼、瑰丽无比。很多游人会一边在沙滩漫步，一边用手中的相机记录下这美妙的时刻。如果足够幸运，还可以看到海市蜃楼，奇形怪状的金色落霞，组合成各种你可以辨别出来的图案，如梦如幻。当天色变得昏昏暗暗，夜幕降临，还可以欣赏乐队精彩的表演，美妙的歌声与美丽的夜景交织在一起，让人如痴如醉。

2. 布撒基寺庙（地图P095B4）

　　布撒基寺庙始建于11世纪初，是巴厘岛最古老、面积最大的寺庙群，也是巴厘印度教寺庙的总部，故称为"母庙"。布撒基寺庙由30多座庙宇组成，庙宇屋顶的级数代表着重要程

度，从1级到11级不等，最高的主庙供奉湿婆，另外两座重要的庙宇分别供奉毗湿奴和梵天。寺庙大门外有18尊雕像，是印度教经典《摩诃婆罗多》中的神灵。寺内善恶之门是巴厘岛上独有的建筑形式。两座完全对称的"门"直插云天，进入神庙的台阶从中间穿过，令人震撼。这两扇门分别代表善与恶，它们完全对等的形式表达了巴厘人的观念：认为善与恶都是客观存在的，不因人的好恶而消长，因此对善恶持同等重视的态度。

布撒基寺庙每年举行不计其数的祭典，几乎每天都能在不同的庙宇看到仪式正在进行。祭典的日期是根据当地传统历法确定的，每210天为一年，因此游客很难确切计算出日程表。不过对普通游客来说，看到任何一场都算不虚此行了。最盛大的祭典每百年才举行一次，上次是1963年。当时适逢阿贡火山喷发，造成极大的人员伤亡，但令人称奇的是，此庙宇竟丝毫无损，更增添了其神秘色彩。

贴士

只有当地印度教徒才可以被许可进入布撒基寺庙内部。有些当地人以许诺可以带游客进入为名，赚取小费，遇到这样的情况最好回绝。

布撒基寺庙

3. 贾蒂卢维梯田（地图P095B3）

到巴厘岛，欣赏著名的梯田风光也是游人不可错过的旅游体验，比较出名的水稻梯田有两处，一处是特加拉朗梯田，另一处就是贾蒂卢维梯田。贾蒂卢维梯田位于巴厘岛中部，离登巴萨较远，是巴厘岛梯田风光最美的地方。因为这里离雄伟的巴都考活火山很近，火山笼罩的云雾和美得无法形容的绿色视野结合，形成了完美的热带田园风光景色。这片古老的梯田像一条绿色的缎带缠绕在山坡上，远远望去既秀气又优雅，山间的椰树和鲜花点缀着层层叠叠的梯田，起伏的绿色山野让人赏心悦目。

这个地区的种植系统据说始建于11世纪，神圣而富饶的稻田种植文化体现了巴厘人对土地的精神敬仰，现世生活和自然的和谐统一使得它在世界上无数的梯田中独树一帜，2012年，这块地区的种植系统已经被列入世界遗产名录。

贴士

贾蒂卢维的公路急转较多，因此汽车都开得很慢，这里非常适合骑行。特加拉朗梯田位于乌布以北，团队旅游通常安排的是离登巴萨近一些的特加拉朗梯田。

4. 情人崖（地图P095C3）

"断肠人在天涯",在巴厘岛最南端的乌鲁瓦图的断崖上,有一个称为情人崖(Ulu Watu)的地方,放眼望去,这个断崖几乎垂直地拔海而起,很是险峻。它面向广阔蔚蓝的海洋,风景绝美,令人驻足。

"情人崖"流传着一段凄美而浪漫的爱情故事:很多年前,一对门户不当的青年男女相恋,男方出身贫寒,而女方的父亲则是颇有权势的村长,他极力反对此项婚姻。绝望之下,这对苦命鸳鸯便投海殉情,天堂相聚。

"情人崖"还有一种说法称为"望夫崖"。相传古时有一对恩爱的小夫妇,丈夫出海捕鱼,妻子经营家务,日子虽然清苦,但小两口相亲相爱,日子过得很幸福。后来海里出现了一个海怪,经常把渔民连船带人吞进去,渔民们害怕都不敢出海,日子一下子变得十分艰难。断炊多日,实在没有办

贾蒂卢维梯田

法，丈夫挺身而出，冒险出海，妻子就在断崖上眼送丈夫的小船渐行渐远，以后每天都在这里守望丈夫归来，一直望了28个昼夜，也不见丈夫踪影，妻子绝望了，纵身一跃，跳入大海，追夫而去。

断崖中有一寺庙建在70米高的海边悬崖上，始建于10世纪，游客入寺必须腰系黄丝带，若穿的裙子或短裤高于膝盖之上，还必须围上沙龙布才能进入，以示对神的敬重。

值得注意的是，巴厘岛天气无常，有时在乌鲁瓦图断崖下天空还是晴朗朗的，未爬上山崖，老天爷便沉下脸来，密集的雨点不停地砸向大地，但十来分钟，雨点便戛然而止，太阳又露出了笑脸。到断崖游玩，导游总会提醒大家，一定要看管好随身的物品，尤其是眼镜、耳环、发夹等，谨防猴子的"偷袭"。因为这里的猴子不怕人，常常趁游客不留意的时候，把游客身上容易捻取的东西拿走。

断崖上有个玻璃教

堂，位于附近的蓝点湾。它的外墙为透明的玻璃，站在祭台前就能看到大海。很多人选择在这里举行婚礼，让"情人崖"和大海见证不渝的爱和海誓山盟般的证词。不过要想在这里举行婚礼需要提前预订，据说中国情侣在这里举行婚礼的人还不少呢。

乌鲁瓦图情人崖

5. 阿贡火山（地图P095B4）

阿贡火山（Gunung Agung）位于巴厘岛东部，被巴厘人认为是世界的中心，是岛内的最高点。火山顶是一个椭圆形的火山口，直径约700米。此火山休眠120年之后，于1963年喷发，死亡约1600人，86 000人无家可归。据巴厘神话记载，诸神以群山为神座，将最高的神座阿贡山置于巴厘岛；又有一神话述说诸神见巴厘岛摇动不稳，便将印度教的神山马哈默鲁镇压在巴厘岛上使之稳定，更名为阿贡火山。岛上每座神庙中都有一座神龛祭祀这座山的山神，居民把向神庙献祭的祭品和火葬等物做成阿贡山的形状以示对其的尊崇。巴厘的主庙普拉伯沙吉建造在山坡上。

从飞机上看阿贡火山，清晰而令人神往。它高耸入云海之间，像飘在云上一样，与火山四周海拔较低的环海对比很大，看上去显得更加的高大。想要征服它，有很多路径，因为各个方向都有攀登上阿贡火山的路。最短、也是最流行的两条线路是从山西南的母神庙，或是从南部山麓出发。俗话说，上山容易下山难。因为上山还可以拽着灌木及树的根茎攀爬；而下山，特别是那深深的几乎是垂直的火山灰沟，一不留神便会摔下深渊峡谷，还有那可恶的厚厚的火山灰，全是砂礓一样的小石子，不仅打滑还直往鞋里灌。据说，真正能到达顶峰的游客不足60%，可见登山之艰辛。

阿贡火山

布拉坦湖中的神庙

PART 2
旅游资讯
地图导览

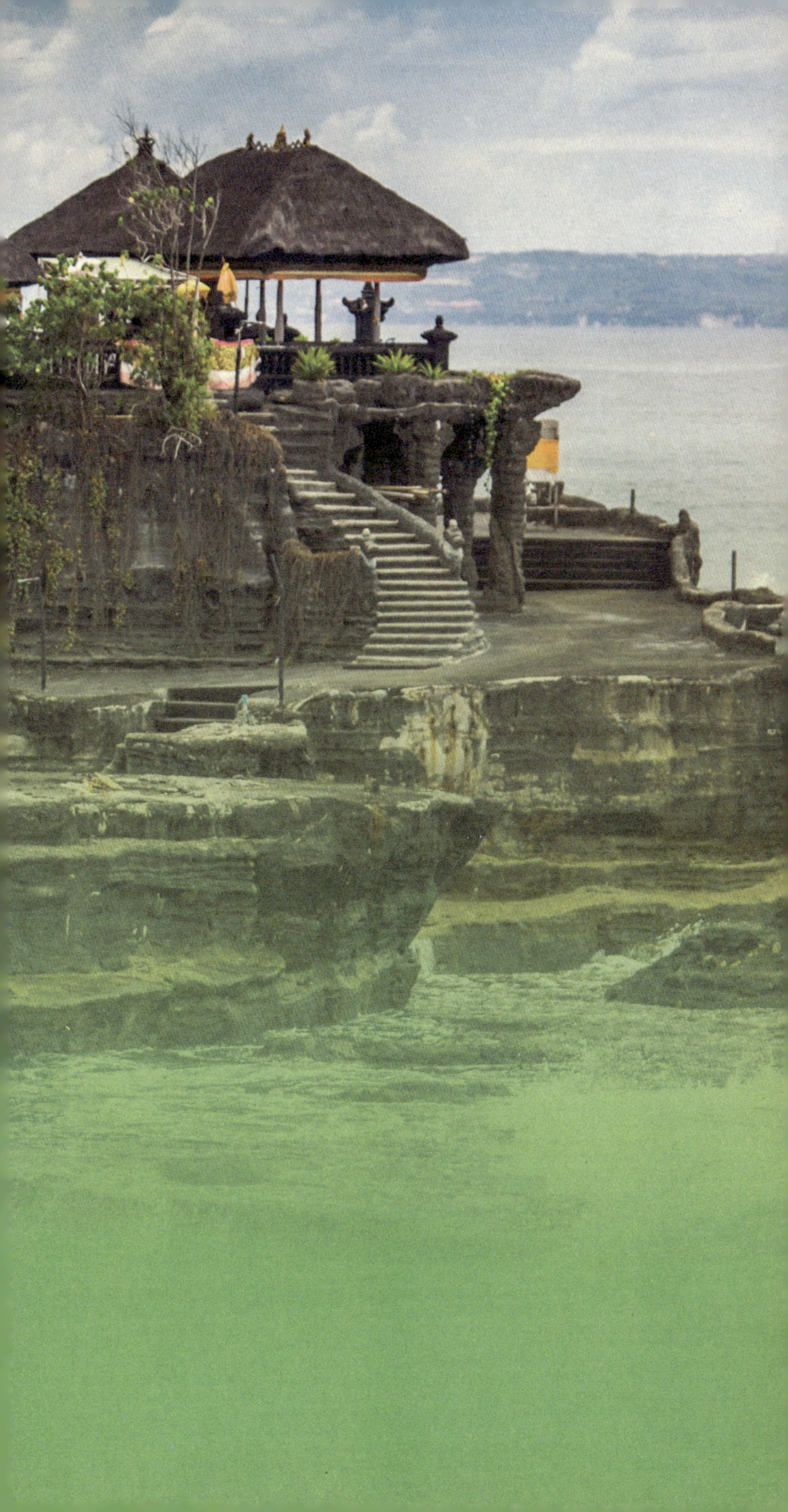

日落

⏳ 最佳旅游时间

　　巴厘岛地处赤道，是典型的热带雨林气候，全年平均温度为28℃，分为干季和雨季，每年4~10月为干季，雨量相对较少，适合潜水、登山和骑游。5~8月是巴厘岛一年中最好的月份，这段时期天气凉爽，雨量少，最适合旅游。6~9月空气湿度相对较低，早晚凉爽。12月~次年3月是雨季，几乎每天都有大雨，不过多数为阵雨，白天大部分时间天气晴朗，对游玩影响不大，但空气会有些潮湿。在旅行之前应注意当地气象预报，避免遇上热带风暴强降水等恶劣天气。

📋 实用信息

1. 机票预订

　　前往巴厘岛的机票，一般在旅游旺季价格都比较高，建议至少提前一个月预订机票。游客可以选择在淡季出行，此时机票价格比较优惠。值得注意的是，转机会比直飞便宜些，但需要多花费一些时间。预订机票可先在网络上多查看一些信息，多找几家航空公司进行比较。如果需要转机，需提前留出4个小时左右的时间，以免误机带来麻烦。查找前往目的地的低价机票，可从全球低价航空公司网站（www.attitudetravel.com）中搜索，那里有各家航空公司的航线和特惠信息。

2. 酒店预订

　　巴厘岛作为度假胜地，拥有众多高级酒店，服务和设施首屈一指。出于保护景观的目的，巴厘岛的酒店没有高楼大厦，那些别出心裁的花园式建筑更加引人注目，也是休息的不错选择。

　　巴厘岛作为全球热门旅游目的地，消费水平并不算高，不过在旅游旺季七八月和圣诞节前后，酒店的费用大多会上涨，有的甚至涨到50%以上。在乌布和库塔能找到些便宜的民宿，旺季最好还是提前预订。而在萨努尔和努沙杜阿地区便宜的小旅店很少，尤其是在努沙杜阿，这里大多数是高档酒店，酒店还拥有私人沙滩，这些地方一到旅游旺季就会有大批游人前来，因而提前预订酒店非常有必要。游客可以提前一个月左右在各大酒店预订网站上查询巴厘岛各地区的相关酒店信息和价格，然后在网上预订。

巴厘岛的度假村

酒店预订网站推荐

网址	特色
www.venere.com	有各种中低档酒店可供选择，预订取消不收费
www.booking.com	可选择性很大，从经济型到高档型都有
www.reservations.bookhostels.com	廉价酒店预订网站，价格从低到高排列
www.hotelscombined.com	分类细致，你可找到印度尼西亚任何范围的住宿

3. 穿衣指南

巴厘岛的全年温度在28℃左右，阳光充足，夏日清凉，穿着舒适的衣服就可以。同时，巴厘岛紫外线较强，准备帽子、太阳眼镜、遮阳伞、防晒乳液很有必要。另外，在山区早晚温差大，需要带上稍厚的外套。到巴厘岛游玩不可避免的一项活动是玩水，可带上泳衣，穿上拖鞋。如果你想去徒步旅行，建议带双运动鞋。招蚊子的游客，晚上要准备好长裤和驱蚊药。此外，进入寺庙时着装应当得体，建议不要穿着短裤或短裙，如已穿着出门，到了寺庙需在寺外租件纱笼及腰带。

4. 货币

巴厘岛的货币为印尼盾(Rupiah，简称Rp)，面额有1000、5000、10 000、20 000、50 000、100 000Rp，岛上美元的使用也很普遍。值得注意的是，印尼盾汇率的波动较大，到达机场后可先看看当天汇率，如果兑换利率较高，不妨多兑换一点。通常机场的兑换率比市区低，可以先少兑换一些。在市区里有很多兑换店，如果兑换地的汇率公示牌上有"No Commission"字样就表示不收手续费。此外，不要把美金都换成当地的货币，用不完的话换回来会相当麻烦。

印尼盾

5. 购物退税

在出境时，假如你在巴厘岛旅游期间购买了价值超过500万盾的商品，那么便可在巴厘岛国际机场获得退还10%的增值税和奢侈品销售税。值得注意的是，巴厘岛只有部分商店享有此项退税政策，在购物前可向商家咨询是否可退税。在退税时，需要出示护照、登记证以及税务发票。巴厘岛免税店主要位于库塔，那里有许多国际品牌售卖，并且价格优惠。

6. 电源

巴厘岛的标准电压是220伏特，通常为两圆孔或三扁孔插座，从中国带去的插头不能直接使用，需要插头转换器。一般大酒店都有提供，但数量有限。如果你选择住在小酒店，那么建议提前准备好一个插头转换器，在巴厘岛买比较贵。

7. 电话

从中国往巴厘岛打电话，拨打0062+361（巴厘岛区号"0361"前面的"0"需去掉）+电话号码，如想往0361-1234567这个号码打电话，拨打0062-361-1234567即可。从巴厘岛拨打中国电话，则需拨打001+86+区号+电话号码。

8. 网络

印尼大多数酒店、餐厅及咖啡馆都设有Wi-Fi或网络接口。街边还有很多网吧，尤其在乌布和库塔，价格也不贵。此外，假如你购买了当地手机卡，或者开通了中国移动、中国联通的全球通服务，那么还可以使用手机数据流量上网。

9. 银行

巴厘岛的BCA银行是印度尼西亚最大的私营银行之一，已全面支持中国银联卡。银行旗下的ATM遍布印尼全境，在库塔、乌布、罗

威那、金巴兰等可找到多处BCA银行，绝大多数都明确标有银联标志。银联卡可以直接在印尼取款，BCA和Citibank与银联有合作的银行，在ATM取款前几次免收手续费。在巴厘岛绝大多数商店和餐厅都可使用VISA和Master Card刷卡消费，街上也有很多ATM机支持信用卡取现，因而不需要带大量的现金在身上。

10. 邮政

巴厘岛上的邮局都标有醒目的"Post Office"标志，因而可以轻松找到。库塔邮局营业时间为8:00—18:00，乌布邮局营业时间为周一至周四7:00—14:00，周五7:00—11:00，周六7:00—13:00。此外，巴厘岛上还有很多橙色或木纹原色的小房子状邮筒。可在便利店中买到邮票，将明信片邮寄回国。也可直接在下榻的酒店，请前台帮忙代寄，巴厘岛大部分星级酒店都会提供此项服务。明信片从巴厘岛寄到国内的邮资为7000印尼盾。

11. 通信

购买当地的SIM卡拨打电话既方便又便宜，还可在库塔海滩等地直接使用3G网络上网。当地的SIM卡种类很多，比如IM3、SimPati、Mentari、ProXL等，其中SimPati是当地最大的电信公司，信号最好。在街上就有很多专门出售SIM卡的商店，价格差不多。建议下飞机后直接在机场内购买，这样会比外边商店方便一些。SIM卡买好后不需要任何证件，当场就可以开通。

在很多酒店里都提供国际直拨电话服务，在拨打酒店电话时，需事先问清楚价格，各酒店价格相差很大。此外，假如你想在巴厘岛旅游期间使用中国移动号码跟国内保持联系，那么可先在国内开通来电短信提醒业务，然后把手机的通话限制设定为漫游时拒接所有来电。这样你便可以不接国内来电但知道来电号码，然后再使用巴厘岛当地号码回电过去，这样比较划算。

12. 小费

印度尼西亚是小费国家，在巴厘岛除了明确标明含服务费的酒店和餐厅外，接受各种服务通常都要支付小费。可根据对方付出劳动的程度支付小费，通常将找零的部分留下即可，如果对方服务非常好或付出了额外的劳动,则应该酌情增加。酒店行李员、房间清洁员、包车司机、漂流教练、SPA师都需要给一定的小费,大部分酒店和餐厅会在账单上附加11%的政府税和10%的服务费,在付款时不必另付。建议随身携带1000和5000盾及1美元纸币,以备付小费。

13. 抽烟

印度尼西亚禁止在学校、医院等地吸烟,在其他公共场所也设立有专门吸烟区。巴厘岛作为旅游胜地会对违禁吸烟者加重处罚。

14. 卫生间

巴厘岛旅游景点的卫生间有部分需要收费。

15. 紧急电话与求助电话

印尼匪警:110
救护车:118
巴厘省警察总部:0361-236494
巴厘省旅游警察:0361-754599
印度尼西亚红十字会:0361-480282

玻璃教堂的餐厅

出入境信息

1. 入境

① 入境规定

护照是出国旅游的必备证件，有了护照才能办理签证，护照的有效期需在6个月以上，看看护照是否还有至少2页正反面都为空白页，如果没有，需换新本再签，以免耽误行程。

② 签证信息

中国游客到巴厘岛可办理落地签，可在抵达巴厘岛机场后，凭有效护照和往返机票在"Visa On Arrival"窗口办理签证。停留7天以内10美元，停留8～30天价格25美元。建议准备刚好的美金用来交落地签证费，如果多交，他们找回的是印尼盾，汇率较低。持落地签证者在印度尼西亚期间只可进行旅游观光、探亲访友，不得进行经商活动，期满亦不可延长。落地签证需准备的材料为有效期在6个月以上、正反面空白页至少2页的护照；半年内拍摄的2寸红底彩照2张（照片背面写名字）；申请人身份证正反面复印件；签证申请表（办理柜台会发）；填妥的入出境卡及物品申报表。

为了避免出入境时遇到不必要的麻烦，建议持新护照的中国公民在离境前先前往印尼驻华使领馆办妥签证后再去巴厘岛。通常在国内办理签证时间为5个工作日，签证有效期为90天，最多可停留30天。值得注意的是，巴厘岛签证上的停留时间包括入境和出境当天各算一天，要计算好日期，否则出境时会被要求补交签证费，还要罚款。你可在大使馆中办理签证。

印度尼西亚共和国大使馆

地址：北京市朝阳区东直门外大街4号

电话：010-65325486-88/65325489

传真：010-65325368/65325782

印度尼西亚驻广州领事馆

地址：广东省广州市流花路120号东方宾馆西楼二层1201-1223室

电话：020-86018772/86018790/86018850
③ 关税
从巴厘岛搭机离境需缴纳机场税150 000盾，需用现金支付。

2. 出境

出境时需自行领取"海关申报单"并如实填写，海关规定每人最多可以携带人民币20 000元或折合5000美元的等值外币，超出部分需要向海关书面申报，尽量不要超过规定。携带单价超过5000元的摄像机、相机、镜头等贵重物品也应在托运行李前向海关申报。假如需要申报可走红色通道，无申请的走绿色通道，海关人员会收走你已经填写好的申报单，假如你需请海关工作人员在申报单上盖章，要保留好第二联直至回国。

印尼境内的天堂鸟、贝壳类等保护动物和古董品等禁止携带出境。同时务必妥善保管护照和一半的出入境卡，在离境时海关人员将收回另一半出入境卡，如卡片遗失，将会被移民局罚款。办好出境手续后，在飞机起飞20分钟前到达登机口，此时确保出境卡仍夹在护照内，在进入候机楼前出境卡会被收回。

出境

交通

1. 飞机

巴厘岛国际机场也称登巴萨国际机场（Denpasar International Airport），距登巴萨市以南约12千米，距库塔以南约2.5千米。我国的上海、北京和广州等城市都有直飞巴厘岛的航班，也可选择到雅加达或新加坡等地转机。印度尼西亚各主要城市有直飞巴厘岛的航班，其中从雅加达前往巴厘岛的航班很频繁，全程约需1.5小时。

从机场前往岛内交通

中巴车：乘坐机场中巴车（Bemo）前往登巴萨市，票价约1000盾。

出租车：出机场右转则可看到机场出租汽车售票处，从机场前往巴厘岛各地，根据所到地区不同收费标准也不同。到库塔票价约5万盾，约需15分钟；到乌布约19.5万盾，约需1小时。如果行李不多，可步行200米左右，出机场选择有计价器的出租车，这样可以省掉预付费。

酒店接送车：多数高级酒店都会提供机场接送服务，可提前告之酒店你所乘坐的航班。乌布的酒店一般提供单程接机服务，乘汽车到乌布需要50~60分钟。

2. 轮船

前往巴厘岛的轮船有很多，从爪哇岛、苏门答腊岛、加里曼丹岛、马来群岛、菲律宾群岛乃至于越南、泰国等地，都有轮船直接前往巴厘岛，各轮船的档次不一。你也可以选择先乘机到达泗水，然后再转乘半小时轮船前往巴厘岛。

巴厘岛海滩

3. 内部交通

巴士

巴厘岛的交通中心位于登巴萨，几乎所有的景点和城镇都有发往登巴萨的班车。岛上最常用到的交通工具是"Bemo"，这是一种具有固定线路的巴士，一般可在车窗上看到行车线路，沿线设有站牌，也可以不在站牌处候车。这种车的车次较多，价格也较便宜，只是有些拥挤。各城镇之间也有巴士运行，固定的站点和路线，按人收费。此外，有些酒店提供免费的通勤巴士，沿固定路线行驶，在固定站点停靠，不过班次很少。

巴厘岛巴士

巴厘岛最大的旅游巴士公司是Perama，每天都有巴士往返于库塔、乌布、萨努尔、努沙杜阿、京打玛尼等地。具体班次及价格可查询Perama公司官网（www.peramatour.com）。

出租车

巴厘岛不同颜色出租车，所代表的出租车公司也各不相同。其中

越野车

最有名的是蓝色车身的蓝鸟公司，司机的服务态度好，一般按表计价。如果你所乘坐的是白色的出租车，这样的出租车一般不打表，需在上车前跟司机谈好价钱。出租车的起步价为6000盾，超出起步价每千米收3000盾，通常还要给司机适当的小费。蓝鸟公司叫车电话为701111，橘色出租车（Praja Taxi）叫车电话为289090。

租车
（1）汽车

在巴厘岛租汽车旅行，可以直接使用中国驾驶证租车和开车，不过岛上路况不是很好，并且车辆靠左行驶，正好与我国相反，因而不建议租汽车。如果想要租辆汽车出行的话，一定要找手续齐全

摩托车

的租车公司，同时不要租用任何人的私家车。

（2）摩托车

摩托车灵活机动，穿梭于巴厘岛的大街小巷中很方便。但岛上的人骑摩托车速度都比较快，在山区或者偏僻的路上，一定要特别注意安全。乌布和库塔有很多摩托车租赁地，一般不需要驾照，也不用押证件。每天费用大概40 000~50 000盾，并有安全帽。

（3）自行车

骑自行车是在城镇里闲逛或短途游玩的最佳的选择。可以骑自行车穿梭于一些车辆无法到达的地方，也可以参加岛上的自行车旅行团，从另一个角度去探索巴厘岛。自行车的租金每天大约12 000~18 000盾。租车时一定要仔细检查好车况，并跟店主索要车锁，因钥匙丢失而被敲诈的事情曾有发生，故而要特别提高警惕。

包车

如果对当地的路况不太熟悉，又想玩得自由些，则可以进行包车旅行。雇一辆包括司机的车子进行旅行，也是游玩巴厘岛的主要方式。包车可以通过找代理和到当地直接找司机两种方式，可分单程和包整天。进行包车旅行，要确定包车服务是否包括油费、过路费、司机餐费、停车费等。此外，还要给司机特定的小费，一般一天10 000盾或1美元。

整装待发

住宿

　　巴厘岛是一个世界知名的旅游度假胜地，有各种类型的住宿场所可供选择，从豪华的五星级饭店到简单的混凝土板盖的房子应有尽有。即便你对住宿的预算不多，在岛上也能找到众多廉价的住宿。岛上的酒店没有高楼大厦建筑，而是以别出心裁的花园设计取胜。住宿地主要集中在萨努尔、努沙杜阿、库塔及金巴兰海滩和乌布等地，其中价格较低的旅馆主要集中在库塔地区，这里也是岛上最热闹的区域。如果喜欢环境清幽的酒店，可以考虑前往萨努尔，这里环境清幽，并且还有多家五星级酒店。如果你对住宿要求比较高的话，那么相信努沙杜阿的豪华度假区可满足你的需求。如果你比较崇尚世外桃源般的住宿环境，想必以独栋别墅（Villa）为主的乌布，会赢得你的青睐。当然，如果此行目的之一是为了看美丽的日落景观，金巴兰海滩附近的住宿地是最佳选择之一。

　　岛上的每一个住宿点都能找到不一样的风情，可以试着换不同的酒店住宿，感受别样的风景和服务。值得注意的是，岛上大部分住宿地都不提供牙膏、牙刷、拖鞋、沐浴露等物品，最好自备。想要选择一些较经济的住宿地的话，最好还要自带毛巾、肥皂、卫生纸和蚊香等，也可以到当地后再买。

　　关于小费，大部分酒店和餐厅都会在账单上另加政府税和服务费，因而不必另付小费。对于行李员，则可以按5000盾／件的标准给予小费，但应避免以硬币付小费。此外，在每年七八月和圣诞节、新年期间，最好提前预订住宿地。

1. 库塔住宿地推荐

库塔可谓是巴厘岛上最热闹的地方,这里拥有众多经济型酒店和民宿,还有许多餐厅、酒吧、旅行社等服务设施,环境热闹而显得有些嘈杂。广阔的沙滩上经常人山人海,少了一分安静,多了一分乐趣。

(1) 库塔海景精品假日酒店

库塔海景精品假日酒店(Kuta Seaview Boutique Resorts)距离库塔海滩仅有几步之遥,有客房、套房和小屋等规格不同的住宿场所可供选择,环境轻松宁静。每间巴厘岛风格的客房均设有一个私人阳台,同时提供免费的无线网络连接。此外,餐厅酒廊供应意大利和许多国家美食,并有多种葡萄酒可选。

(2) 库塔普瑞酒店

库塔普瑞酒店(Kuta Puri Bungalows)中的每间客房均配备了空调、电视机、迷你吧、私人阳台以及免费洗浴用品,并可享有花园美景。这里有两座带酒吧的大型室外游泳池、提供按摩服务的SPA和健康中心,以及供应印尼菜肴和西式餐点的餐厅。酒店24小时前台提供旅游咨询服务,可为客人安排游览各个旅游景点的行程。此外,酒店

酒店房间

可应要求提供机场班车服务。

(3) 巴厘岛库塔宾当酒店

巴厘岛库塔宾当酒店(Bintang Kuta Bali)是一家四星级酒店，空调客房装饰现代感较强，均设有衣柜、休息区、私人保险箱、迷你吧、电视以及带吹风机、淋浴设施和免费洗浴用品的浴室。你可以在私人露台上放松身心，并欣赏花园的美景。此外，酒店的餐厅中供应印尼美食和巴厘岛美食。

(4) 库塔日光岛酒店

库塔日光岛酒店(Sun Island Hotel Kuta)中当代巴厘风格的客房提供免费的无线网络。酒店还拥有一个室外游泳池、免费停车场，以及一个提供多种国际特色美食的餐厅。可让酒店内的旅游咨询台为你安排水上运动或者一日游活动。

(5) 库塔镇居家公寓

库塔镇居家公寓(Kuta Town House Apartment)位于库塔的中心，距离国际机场仅20分钟的车程。所有的客房均设有阳台、休息区，以及提供洗浴用品和毛巾的沐浴间。酒店中央还设有一个室外游泳池，其他休闲设施包括一个健身中心。餐厅和酒吧供应印尼和国际美食，同时还提供自助早餐。

度假村

星级酒店

2. 萨努尔住宿推荐

萨努尔是一个宁静平和的地方,有着国际化的一面,比库塔少了一分疯狂的喧嚣。这里有廉价的旅馆,有豪华的五星级酒店,还有安静且别致的海边私人小屋。在旅游淡季,很多旅馆都会大降价,价格会便宜很多。如果在旅游高峰期前往,建议提前预订房间。

(1) 巴厘岛克鲁普度假酒店

巴厘岛克鲁普度假酒店(Klumpu Bali Resort)拥有传统家具以及现代化设施的客房,提供宽敞的 湖游泳池和SPA设施。餐厅中供应各种新鲜的海鲜、巴厘岛和西式菜肴,可边用餐边俯瞰泳池景致。此外,还可在酒店租赁汽车轻松游览岛屿各处。

(2) 沙努尔塔克苏酒店

沙努尔塔克苏酒店(Taksu Sanur Hotel) 被郁郁葱葱的绿色植物环绕,设有餐厅和室外游泳池。免费无线网络连接全方位覆盖酒店,宽敞明亮的空调套房设备齐全,提供免费的瓶装水和洗浴用品。同时,酒店内部餐厅供应各种印尼和西式美食。

(3) 卡塔拉别墅

卡塔拉别墅(Katala Villas)拥有私人泳池和提供免费无线网络连接的现代化客房。酒店的单卧室别墅和双卧室别墅都设有私人露台,在露台上可以看到花园和泳池的景色。此外,酒店还可以安排旅游、汽车出租和机场接送服务。

（4）巴厘绿宝石别墅酒店

巴厘绿宝石别墅酒店 (Bali Emerald Villa)拥有闲适安逸的气氛，提供优质贴心的服务和方便实用的设施。客房都经过了精心设计，每间客房配备有冰箱、电视、空调、吹风机、微波炉等设施。这里的按摩服务、室外游泳池、私人海滩、花园等都是放松身心的最佳选择。

3. 努沙杜阿住宿推荐

努沙杜阿是巴厘岛豪华度假区的聚集地，远离街头小贩、热闹拥挤和嘈杂喧哗的街市。精心整理的土地，戒备森严的保安人员，保证了这里优越的住宿环境。

（1）穆里埃酒店

穆里埃酒店(The Mulia)被美丽的热带风光围绕，提供豪华的住宿，所有的套房以典雅的棕色色调装饰为主。酒店设有一个商务中心、外币兑换服务处和一个儿童游乐场。24小时前台可帮你安排汽车出租和机场接送服务，提供行李寄存设施和保险箱。

（2）努沙杜阿巴厘岛庭院酒店

努沙杜阿巴厘岛庭院酒店(Courtyard by Marriott Bali Nusa Dua)中的设施齐全，酒店各处提供免费无线网络连接。在酒店的高尔

夫球场上可以悠闲地参加高尔夫球练习,时尚的咖啡厅、大堂酒廊和池畔酒吧是人们享用小吃和餐后饮品的理想场所。

(3) 巴厘岛萨玛度假别墅酒店

巴厘岛萨玛度假别墅酒店(Samabe Bali Resort and Villas)是一个热带度假场所,可直接通往海滩,拥有一个室外游泳池、SPA和一个健身房。此外,酒店内还设有外币兑换、商务中心和旅游咨询台等便利设施。在餐厅内可以享用巴厘岛、印尼、亚洲和地中海美食。

(4) 诺富特巴厘岛努莎杜瓦酒店

诺富特巴厘岛努莎杜瓦酒店(Novotel Bali Nusa Dua)的客房中均设有可以看到美景的私人阳台,休闲设施和服务有潟湖泳池、健身中心和按摩等。在餐厅中还可以享受户外用餐,酒吧中还有茶点和鸡尾酒供应。此外,这里还提供前往努沙杜尔海滩的免费班车服务,为想探索该地区的客人提供汽车租赁服务并安排旅行行程。

(5) 赛格拉假日温泉酒店

赛格拉假日温泉酒店(Swiss-Bel Hotel Segara Resort & SPA)的客房宽敞舒适,布置温馨。酒店内拥有两座大型游泳池,设有日间水疗馆和自助餐厅,其中水疗馆是享受巴厘式按摩服务和花瓣浴的好地方。咖啡店、大堂酒廊及酒吧是寻找美食、放松身心的绝佳去处。

努沙杜阿海滩别墅酒店

4. 金巴兰住宿推荐

金巴兰是巴厘岛的主要景区之一,环境优美,分布着众多酒店,在这里观赏日落是令人最向往的事情之一。月牙形的海滩上密集地分布着海鲜小吃,是品尝美食、欣赏美景的好去处。

(1) 欧哈娜巴厘别墅酒店

欧哈娜巴厘别墅酒店(Oihana Bali Villa)的所有客房都享有游泳池和花园景色,拥有一个设有阳光露台和凉亭的室外游泳池。客人可以在客房中享用各种西方和国际菜肴。此外,24小时前台可为客人安排一日游活动、场接送和汽车租赁。

(2) 巴厘岛丽芙别墅酒店

巴厘岛丽芙别墅酒店(Liv Bali Villa)距离金巴兰海滩很近,别墅被热带绿色植物环绕,设有带日光浴床的私人游泳池,公共区域有免费的无线网络连接,别墅内还有设施齐全的厨房。此外,酒店还可提供汽车租赁、班车和接机等服务。

(3) 米洛之家酒店

米洛之家酒店(Milo's Home)距离著名的冲浪胜地仅有几分钟的步行路程,别墅为传统式风格,设有朝向大海的露台,房内提供风扇以及带冷热水淋浴的连接浴室。如果需要进行旅游观光活动,酒店还可帮你安排。

(4) 金巴兰哈里斯青年旅馆

金巴兰哈里斯青年旅馆(HARRIS Hotel Bukit Jimbaran)坐落于金巴兰的山顶上,因而在旅馆中可以俯瞰金巴兰湾和巴厘海的美丽景色。旅馆拥有一个室外游泳池,所有区域均有免费的无线网络连接。住客可在SPA中心享受舒适的按摩服务,在咖啡馆和果汁吧享用美食。

5. 乌布住宿推荐

乌布拥有各种各样的住宿,奢华的度假村、魅力十足的家庭旅馆和简单温馨的居民公寓,供客人自由选择。住在当地居民家中,可以体验当地文化;家庭旅馆设施会好些,通常分布在稻田和河流之间;而很多顶级的度假村都在河谷边上,风景非常好。

(1) 瑟瑞瑞塔小屋酒店

瑟瑞瑞塔小屋酒店(Sri Ratih Cottages)坐落在热带植物丛中,巴厘岛别墅式客房宁静而优雅,餐厅的印尼特色美食相当美味,室外游泳池可以让人放松身心。除了可以在酒店享受舒缓的按摩服务,还可以骑自行车探索周围的景观。

(2) 绿意别墅酒店

绿意别墅酒店(Green Spirit Villa)被包围在天然绿色景观中,拥有巴厘岛风格的客房,客房装饰丰富多彩,从私人露台上可以欣赏到河流与森林的景色,让人心情愉悦。可在酒店租用自行车,前往周边地区探索。

(3) 路威科乌布别墅酒店

路威科乌布别墅酒店(Luwak Ubud Villas)拥有奢华的度假寓所,客房以茅草屋顶和木质地板为内饰,并配备了精美的寝具和家具,提供免费的无线网络连接服务。设有室外游泳池,提供收费的机场班车接送服务。

(4) 阿赖耶乌布度假酒店

阿赖耶乌布度假酒店(Alaya Resort Ubud)拥有装潢高雅的客房,每天下午还有免费的茶和热带水果供应。客人还可以前往SPA和健康中心放松身心。此外,还提供免费自行车出租服务。

乌布度假酒店

饮食

去巴厘岛，人们往往会考虑那里吃的怎样，合不合中国人的胃口？其实巴厘餐酸、甜、苦、辣、鲜、麻，色香味俱全，菜肴咸淡有致，总体味道有点像中国的京菜。

巴厘餐食除了有自己独特的风格外，还广收世界各国美食之精华，比如意大利比萨饼、美国麦当劳和肯德基、法国大餐、日本料理、韩国冷面、中国台湾小吃、川菜、粤菜、印度抛饼、伊斯兰菜、泰餐、巴西烤肉等，在这里均可品尝到。巴厘人对待饮食就像艺术一样，只要留意观察，你会发现所有的菜肴都会配以当地的椰汁、芒果汁、榴莲块、火龙果，以及各类鲜花点缀、绿叶作辅衬。这里还有各种巴厘式、欧美式、中式、日式、澳洲式餐厅，它们的装潢都格外讲究，餐厅环境亦很优雅，就餐时，往往伴有音乐，服务人员的微笑也十分迷人。

库塔海滩是岛上餐馆集中地之一，在这里可以找到不同档次的各种风味餐厅。除了正规的餐厅外，岛上还有不少路边摊，虽然卫生状况不尽如人意，但非常实惠，可以尝试一下。

贴士

在印尼语中，餐馆的音译名称是"Rumah Makan"。在餐厅吃饭需在菜价外另付11%的税，账单中会自动列入。大部分餐厅也会列入10%的服务费，如果没有列入应酌情付小费给服务生。

巴厘岛特色美食

脏鸭餐

1. 特色美食

（1）脏鸭餐

来到巴厘岛，不能不吃的就是非常出名的脏鸭餐，"脏鸭餐"是当地华人的口头语。这道菜相当于人民币40多元，是很精致的一道菜。因为当地有大片大片的稻田，水质好，鸭子长得肥美。脏鸭餐的主要材料就是半只鸭腿，用一些佐料还有酱汁进行腌制，再加以烘烤。鸭腿酥软，吃起来却满口焦香，可以蘸着酱吃。在小竹叶里还配有不同味道的两种酱汁，有甜的有辣的，还有沙拉的配菜。除此之外，并配有一小块饭团和一份沙爹牛肉，肉质鲜嫩。

（2）烤乳猪

烤乳猪很有名，整只猪加入香料和草药烤熟，扛到餐厅，再切成片，分在每一份饭内，摆好后再加上一些调味料。吃起来爽脆香嫩，味道浓而不腻，极具特色。

（3）炸玉米饼

炸玉米饼是先把蒜片、洋葱、辣椒捣碎，加入到玉米饼内，然后加调料，最后再在油锅里炸，金黄鲜艳，令人食欲大增。

（4）烤鸡肉串

巴厘人喜欢吃烤鸡肉，餐厅里烤的鸡肉通常会放在一片芭蕉叶上，再放在碟子内。

(5) 龙虾大餐

在国内一百多元吃不到的龙虾，到了这里这些钱就足矣。一份百来元的丰盛龙虾大餐，除了龙虾，还有辣椒蟹、烤牡蛎、烤鱼、烤虾。烧烤酱咸鲜适口又很入味，尤其是火候把握得不错，肉质细嫩，烤鱼鲜美多汁，烤牡蛎爽口而有弹性。

小龙虾

(6) 手抓巴东饭

通常用咖喱、辣椒酱、姜黄汁、椰汁烹制，每个人面前会放一小盆清水用来洗手。正宗的吃法是用右手，将米饭裹上带汤汁的菜肴一同送进嘴里。汤汁的咸香与白米饭的甜糯配合在一起恰到好处，而且很有饱足感。

(7) 什锦饭

跟招牌饭一样，各餐馆的什锦饭各有特色。用料一般有鸡肉或沙爹，配上橘子汁、四季豆、炸黄豆块、蛋和特制辣酱。

(8) 水果沙拉

一般把芒果、凤梨以及木瓜切片，然后加上特制的辣酱，做成沙拉。水果加辣酱，据说有减肥的功效。

(9) 香料

巴厘菜都喜欢加上各种香料，茴香、沙姜、丁香等捣碎之后放到主菜里一起做菜。

水果沙拉

2. 库塔美食推荐

库塔餐饮种类丰富，很多便宜又好吃的中档餐厅集中在这里，如果想去更加高级的奢华餐厅，不妨前往水明漾(Seminyak)。

（1）竹子角落

竹子角落(Bamboo Corner)没有大招牌，店面不大，却名声在外，物美价廉，性价比高。海鲜篮（Seafood basket)是人们必点的菜品，里面的鱼、螃蟹、虾、鱿鱼圈还有薯条，都是炸货。此外，鲜榨果汁口感还不错。

海鲜

（2）Made's Warung

这是一家三层的临街餐厅，主要经营印尼菜，物美价廉，不仅受到当地人的热捧，

咖喱鸡肉饭

很多国外游客也慕名而来。泰式咖喱鸡、印尼炒饭和泰式酸辣海鲜汤是这里的特色菜，此外还有多种蛋糕、美味的椰子冰淇淋、鲜果汁等供应。餐厅人很多，建议提前预订座位。

（3）Celsius Cafe

一家不错的海景餐厅，有室内和室外的座位可选择。选一个靠窗的座位，边喝果汁边欣赏落日。餐厅有意式餐点和印尼餐点可供选择，价格合理，鸡肉沙爹、草莓冰和芒果冰都不错，可以尝试。

（4）Breeze at The Samaya

这家餐厅装修风格独特，内部相当安静，用餐氛围好，有各国美食可选择。服务周到细心，餐饮价格适中。

（5）Blue Point

这家餐厅比较适合喝下午茶，环境很不错。推荐这里的起司蛋糕和芒果汁，十分美味，不妨来尝试一下。

3. 乌布美食推荐

乌布是巴厘岛上的另一个美食中心,在这里除了可以吃到巴厘岛知名的烤乳猪饭以及脏鸭餐外,还有更多美食等待你的品尝。

(1) Bebek Bengil (Dirty Duck Diner)

乌布最有名的餐厅之一,位于稻田中央。独特的用餐环境让人赞不绝口。脆皮鸭是这里的特色菜。到这里用餐,建议提前预订独立凉亭。

(2) Ibu Oka Babi Guling

这家小饭店专营烤乳猪饭,人气非常旺,每天都可以看到排队等候吃饭的人群。一碟烤乳猪饭内一般包括脆猪皮、猪肉、蔬菜及白

咖啡和蛋糕

饭,让人回味无穷。

(3) Pundi Pundi

这家餐厅非常有人气,有各种各样的美食可选择,烤猪排、海鲜炒饭、果汁等让人垂涎欲滴。晚上还有宵夜可以预订。

(4) Cafe Lotus

这家莲花餐厅在乌布皇宫附近,因餐厅内有一莲花池,大家称之为"莲花餐厅"。莲花餐厅装饰简约,清淡雅致,四周种有高大的树木,摇曳生姿。每天晚上这里都会演出传统戏剧,剧场座位要付费,用餐远观则免费。

4. 金巴兰美食推荐

金巴兰的海滩是人们吃海鲜的好地方,这里有众多海鲜餐厅,分布在不同的广场上。海滩餐厅以自助式海鲜烧烤为主,通常顾客在冷藏展示柜或冰箱中挑选海鲜美食,吃多少称多少,要收一定比例的服务费。菜肴可以讲价,要货比三家,可自带葡萄酒,收取开瓶费。

(1) Balique Restaurant

这家餐馆在当地小有名气,在这里可以吃到各种各样的印尼食品,口味不错,价格合理,还是一个适合情侣吃饭的地方。

(2) Grocer & Grind

这是一家比较具有现代气息的小酒馆和熟食店,用餐环境舒适,可以在这里品尝到美味的三明治和沙拉。

(3) Pepe Nero

这家意大利餐厅是品尝意大利面和比萨饼的最佳选择之一,从餐厅还可以欣赏到金巴兰海滩的美景。

购物

巴厘岛是一个著名的购物天堂,在岛上可以买到很多物美价廉的纪念品,木雕、蜡染、石雕等特色工艺品,是馈赠亲朋好友的最佳礼物。如果预算充足,可以购买当地艺术家的作品,既可以留念也可以收藏。此外,巴厘岛的很多服装价格要比其他地方便宜,在库塔的大型商场及商店,经常可以看到手里拎着大包小袋的购物者。

巴厘岛的乌布是最佳购物地点,岛上很多地方商店出售的工艺品几乎都从这里批发过去。在游客众多的库塔、登巴萨、努沙杜阿等地购物,价格会比岛上其他地方稍贵。如果想要购买特色手工艺品,建议直接前往生产手工艺品的村庄,如马斯(木雕村)、蜡染村等都很有名。在这些村庄购物,可选择的样式更多,价格也更实惠,还能参观他们制作产品的过程,一举多得,乐趣多多。

需要注意的是，在巴厘岛买东西时，最好带上足够的现金，因为很多小商店不接受信用卡。此外，在一些旅游景点附近，经常都可以看见一些推销假古董的人，对他们要提高警惕。

1. 特色产品推荐

（1）传统服饰

巴厘岛居民的衣着有一个最大的特点，那就是简便，无四季之分，人们一年到头只需穿衬衣、单裤、裙子等夏服。

由于天热，巴厘人一般不穿袜子。纱笼一般长约2米，宽约1米，缝成圆筒式围在下身。晚上睡觉时纱笼还可以盖在身上防凉、防蚊子。这种纱笼装一般用印尼特产的巴迪布制作。女士的长条披肩一般长1.5米，宽0.5米，质地为蜡染布或丝绸、锦缎等。如同男士有多条领带一样，参加社交活动多的妇女往往有多条色彩不同的披肩，以便

巴厘岛传统工艺品

与各色服装相配。披肩可披在左肩,也可披在右肩,披时将它折成与肩同宽。男人扎的头巾,料子也很讲究,而且往往印有各种图案。扎的方式随各地而异,扎成四角形、三角形或圆形的都有。头上戴的无边小黑色礼帽,通常是用平绒布制作,颜色发亮。

(2) 木雕

巴厘岛的木雕非常出名,在大部分旅游指南封面上都可以看到木雕元素。马斯(木雕村)是巴厘岛的木雕之乡,这里的作品做工精细,在雕刻的素材上更是讲究。木雕大多采用巴厘岛本地产的黑檀木,主题则以神话故事为主,还有较大型的家具如全套桌椅等。

天堂鸟木雕

(3) 猫屎咖啡

巴厘岛盛产猫屎咖啡(Kopi Luwak),这种咖啡是世界最贵的咖啡之一。这种咖啡来自野生麝香猫的排泄物,经过麝香猫肠胃发酵的咖啡豆,特别浓稠香醇,且有一种难以形容的甘甜。

(4) 画作

巴厘岛艺术是印尼的一块瑰宝,画家村(Batuan)就有很多绘画作品可选择。这里的画作内容大多是当地农耕景象、巴厘岛的美丽地平线或者和宗教相关的作品。

(5) 银制品

巴厘岛的银制品做工精湛,玲珑剔透。银器村(Celuk)是购买银制品的最佳地方,在那里不仅可以欣赏精致的作品,还可以参观银饰制作的全过程。

2. 库塔购物场所推荐

(1) 太阳百货

太阳百货(Bali Matahari)位于库塔最繁华的商业街,化妆品、防晒品、食品、水果、工艺品等一应俱全。肯德基、麦当劳和必胜客在这里也有门店,一楼还有一个超市。

（2）Discovery Shopping Mall

这是库塔地区一个现代化的购物中心,这里有国际品牌的专柜,各种新潮的商品皆可在此找到。地下一层为SOGO百货,销售各种日常用品。购物中心顶部还有美食城。

（4）家乐福

家乐福(Carrefour)有四层,一层有肯德基、西式快餐餐厅,二层有一些私人店铺、亲子广场,三楼是美食广场,四层为家乐福超市。购物环境干净又舒适。

（4）Mal Bali Galeria

这是库塔地区的大型购物中心之一,拥有近百家商店,主要销售服装饰品、珠宝、唱片、家居用品、工艺品等,商品琳琅满目。免税商场很大,可以接待旅行团队。

（5）Geneva

位于库塔北边,需要专门坐车过去。打算给自己的家添置点工艺品的,给朋友带小礼物的,都可以在此地解决。这里东西

唱片收藏品

种类很多而且价格公道。镶着贝壳的相框人民币6～11元左右，装饰画平均人民币50～80元一幅，漂亮的烛台几块钱一个，纱笼人民币20～30元一条。

3. 乌布购物场所推荐

（1）乌布传统市场

乌布传统市场在乌布市中心，乌布皇宫正对面，是乌布的精华区。这里有各式商店，银器、木雕、编织、衣服及乐器等产品应有尽有，选择多，可议价。

（2）香料市场

从乌布前往罗威那海滩的必经路上，可以看到香料市场。除了各种香料，还有很多小吃摊，可以让人一饱口福。

（3）Ganesha Bookstore

这是一家二手书店，在这里可以找到不少关于巴厘岛和印尼的书。这家书店在其他地方还有分店。

（4）德格拉朗市场

这个市场很大，有精美且价格优惠的手工艺商品。很多工艺品都出自店家之手，具有独一无二的特点。工艺品街的商品价格，越接近乌布市中心，价格越贵，相反，越接近梯田越便宜。

4. 巴厘岛免税店推荐

巴厘岛有多家大型的DFS，包括库塔、登巴萨、从萨努尔至努沙杜阿的路上以及机场，不过建议大家还是在机场购买，因为可以直接拿走，如果岛上购买需要先付钱然后凭单据到机场DFS店领取。

名称	地址	电话	网址
DFS Galleria Bali	Jalan By Pass Ngurah Rai	361-758875	www.dfs.com
Gucci-DFS Galleria	DFS Galleria Bali, JL Bypass Ngurah Rai, Kuta	361-761945	www.gucci.com
DFS Bali Ngurah Rai International Airport	Ngurah Rai Airport International Departure, Bali	361-758621	www.dfs.com

休闲娱乐

巴厘岛有丰富多彩的娱乐活动,所以从来都不会缺少快乐。在这里,你可以潜入海底,与海亲密接触;可以进行冲浪,享受海上活动的乐趣;也可以躺在船上随波逐流,以不一样的角度去感受小岛。如果想感受一下激流险滩的刺激,不妨加入到漂流队伍中。当然,还可以做一次全身的SPA,让身心得到最大放松。

1. 冲浪

冲浪是巴厘岛著名的特色活动。作为普通冲浪爱好者,热闹的库塔海滩是绝佳的冲浪点。如果是冲浪高手,可以选择乌鲁瓦图、萨努尔等地的海滩。想要感受一下冲浪的乐趣,可以找专业公司和教练进行现场辅导,一般1~2小时可学会,可学不同的花样。租用冲浪板之前一定要确保板的状况良好,挑选当地口碑不错的装备商店,否则冲浪板损毁需赔偿。

冲浪

2. 潜水

巴厘岛是著名的潜水胜地,岛上最佳潜水地点位于东部的图兰奔地区、东南侧的珀尼达岛(Nusa Penida)等地,其中图兰奔可以说是巴厘岛最具盛名的潜水地。岛上有众多提供潜水服务的机构,主要集中在杜阿able和萨努尔地区。可以加入岛上的潜水中心,也可以参加旅行社、酒店等安排的潜水项目,没有潜水证也可以参加潜水体验,会有教练悉心带着。

深潜

3. SPA

SPA一词源于拉丁文的字首,Solus(健康),Par(在),Agula(水中),意指用水来达到健康,健康之水。

巴厘岛的SPA是一种芳香养生的方式。早在13世纪,巴厘人就懂得用天然芳草、香料的植物特性来排除体内毒素,促进血液循环,保持肌肤柔嫩、光滑。当时宫廷里兴起一股美容风潮,皇后及王妃们在出席各种场合前,都会用各种香料及鲜花梳妆打扮一番。宫廷里若逢公主出嫁,在婚礼前一个星期中,公主每天必须用香料及鲜花洗涤全身,干净地迎接最神圣的婚礼。人们常说巴厘岛是女人的天堂,不享受原汁原味的SPA等于没来过巴厘岛。

在观光业的带动下,世界各地人们也向往在巴厘岛尝试一下王室的享受。巴厘SPA,离不开特色的民间音乐、独特的花香、柔和的色彩等,但

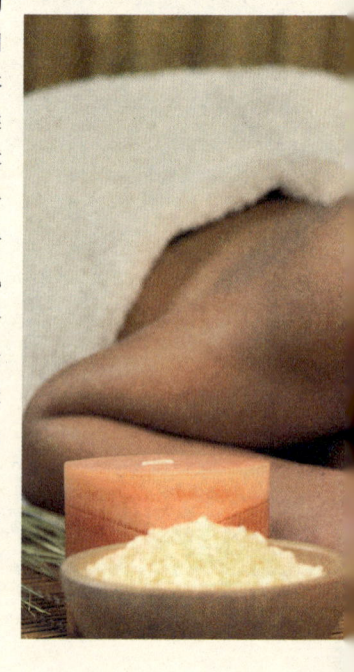

其中最主要的元素当然是按摩师了。他们拥有敏锐的感受力、亲和力，在接触受疗者之初就能察觉其症结所在，并施予合适的按摩方式。在一些细节上，按摩师也很注意顾客的感受，说话轻柔，带着轻轻的微笑，让人不由自主地放松下来。

此外，巴厘SPA很讲究环境，场所一般都可看到美妙的风景，它们或是在精致的庭院中、清新的泳池旁、怡神的稻田旁、开阔的河谷中，甚至还会在无边的大海边。室内的SPA房间通常也是半开放的，自然风吹到身上，在树木的掩映下不用担心被偷窥。

传统的精油按摩，做一次一般需要90分钟，有的长达几个小时。按摩师在音乐的伴奏下，以一种缓慢而富有韵律的手法，将调制的精油推拿到受疗者身体上，让人肌肉和心情都完全得到放松，如果身体疲劳会很容易就沉浸到香甜的梦乡里。这里的SPA还融合了日式、泰式、夏威夷、瑞典式和巴厘岛5种按摩手法。

（1）禅

禅(Zen SPA)的老板来自加拿大，这家店口碑不错，价格经济实惠，服务也很有水准。其中以套装疗程最划算。

（2）Hati

这是一家位于乌布市郊的SPA店，属于一个公益组织，收入用于

资助失学儿童。为了方便客人前往，店里提供接送服务。

（3）Taman Air SPA

环境很好的一家店，周围植物郁郁葱葱，有四种SPA可选择，分不同的功效，味道也不同。在这里按摩可以让每一根神经都舒张开来。

4. 漂流

除了海上活动，巴厘的河流还是进行漂流的好地方。与国内的漂流不同，这里的漂流根据刺激程度分级，你可以根据自己的喜好选择。参加漂流活动时，一定要记得带上换洗衣物。

（1）阿戎河漂流

阿戎河漂流是岛上最著名的漂流之一，全程用时约两小时。整个线路两旁都是赤道风格的热带雨林，景观变幻无穷，令人赞叹不已。漂流公司的车可以免费接送，也可以自己包车前往，时间选在下午最好，下午游人相对较少。

（2）特拉嘎河漂流

特拉嘎河漂流(Telaga Waja Rafting)很刺激、很好玩，一般漂流船由四名游客和一名船长组成。河两岸的景色都是热带的原始森林的样子，很有感觉。漂流前注意做好防晒工作，中途可以上岸休息，购买当地人提供的可乐和水作补充。选择的漂流公司不同，休息点也不同。

5. 出海观看海豚

巴厘岛有很多公司提供出海活动，船况、所包含的内容各不相同，其中最知名的是"Quick Silver（快银号）"和"Ball Hai（巴厘海）"。这两家船务公司一般安排有全天游和黄昏游。

去罗威那海滩看海豚是巴厘岛的热门旅游项目，罗威那一带海域生活着数百头海豚，每到黎明时分，它们就会集体外出猎食，在海面上形成壮观的"海豚军团"。

6. 酒吧

The Rock Bar

这个酒吧位于阿雅娜酒店靠海悬崖下方的一个平台上，拥有壮阔海景，是观赏落日的好地方。从悬崖边到平台需要搭乘酒店特制的升降车，住酒店的客人有优先权。

漂流前的准备

不可错过的旅游体验

1. 情人崖：见证爱情的地方

　　情人崖又名乌鲁瓦图断崖，坐落在巴厘岛最南端。它因流传着一段凄美的爱情悲剧传说而受人注目，现在已成为人们见证爱情的地方。人们来到这里，总会想起那对为了爱情双双殉情的恋人，这个未经证实的传说，为壮美的乌鲁瓦图断崖平添了几分离奇色彩。当然，除了古老的爱情传说，情人崖上的另一看点是那个壮观而神圣的寺庙。这座建于海边悬崖上的寺庙，是很多游客必访之地。庙宇两边的悬崖如锯齿般延伸入海，远处湛蓝的印度洋海水波涛汹涌地拍击着悬崖峭壁，此番壮丽美景如诗画般令人惊叹不已。如果在情人崖上找个地方坐下，一边品尝茶点，一边观看断崖、海洋美景，真是惬意无限。

2. 金巴兰海滩：美丽落日的浪漫

　　在巴厘岛登巴萨国际机场西南部，有一片金褐色的海滩，远远望去像一条银色蛟龙翻腾涌动，十分壮观，它就是著名的金巴兰海滩。金巴兰海滩虽然没有萨努尔海滩和努沙杜瓦阿海滩广袤，也没有库塔海滩繁华、喧嚣，但是这里幽静的海滩和每天百看不厌的日落，总让人忍不住驻足观赏。提到美丽的落日，这可谓是金巴兰海滩一道亮丽的风景线。黄昏时刻，伴随着逗留在云层下的落日，在沙滩上慢跑，体验这座小渔村的幸福生活或在海滩边露天海鲜餐厅、海鲜大排档海吃一顿，一定是种舒心、浪漫的感受。

情人崖

金巴兰海滩

3. 库塔海滩：热闹而美丽的海岸

  库塔海滩号称是巴厘岛上最美丽的海滩，在平坦的海岸线上，拥有洁白而细腻的沙粒，踩在上面，软绵绵的，十分令人愉悦。这片游人如织的旅游胜地，似乎很难想象曾经只是登巴萨(巴塘)至布吉伯宁苏拉之间的一个小村子。库塔海滩拥有得天独厚的海浪，在库塔月牙形的海湾中，两端适宜戏水和初学冲浪，而在中间地段则是专业冲浪者的乐园。除了玩冲浪与滑板，在海滩附近热闹的商业街上，看看各色巴厘传统手工艺品、绚丽民族服装，更是让人乐此不疲。此外，这里的落日景观也为海滩增添了一抹浪漫色彩。到了晚上，海滩边的餐厅在烛光、美酒的陪衬下，变得更加多姿多彩。在这里吹着清凉的海风，品尝生猛美味的海鲜，美食与美景的诱惑怎能不令人沉醉？

4. 海神庙：海上神秘的剪影

  海神庙是巴厘岛六大寺庙之一，坐落在一个长期经海水冲刷而形成的离岸大岩石上。每当海水涨潮时，岩石被海水包围，与庙宇相连的通道就会被淹没，整座寺庙与陆地隔绝，孤零零地矗立在海水中，这时游人必须等待退潮后才能进入庙宇参观。据说海神庙由16世纪的一个神职人员建立，当年他游历到此地感觉这里是个祭拜海神的圣地，于是便吩咐当地渔夫在这块巨大的岩石上盖起寺庙。此后，海神庙便成为了巴厘神话的一部分，是海上一道壮观而神秘的剪影。海神庙门口有一股神圣的泉水，据传流淌了100多年不曾断流。

冲浪

海神庙

海泥

5. 百度库：巴厘岛最有名的避暑胜地

百度库又称山中湖，位于巴厘岛中部的布拉坦湖。百度库是火山湖形成的自然水库，它为山下平原灌溉提供了重要的水源，加上这里肥沃的土壤以及独特的高山气候，使得这里所种植的水果蔬菜质高量多，榴莲、山竹、芒果、菠萝蜜、香蕉、木瓜、菠萝等水果应有尽有，所以该处也有"水果宝库"之称。这里的传统市场除了销售果蔬之外，还可见各种野生兰、玫瑰等五颜六色的花种出售，吸引了很多观光客在此停留。这里的环境温和舒适、空气清新，没有巴厘南部炎热的气候和吵闹的人群，是个充满了惊喜的避暑净地。

布拉坦湖

6. 阿贡火山：世界的肚脐

阿贡火山是世界著名的活火山，像"肚脐"般高高地耸立在巴厘岛上。当地居民认为阿贡火山是须弥山的复制品，为宇宙的中心，因而将其形象地称为"世界的肚脐"。雄伟的阿贡火山曾经的"恼羞成怒"一度成为当地居民的噩梦，但是也因此为岛屿带来了福祉，被奉

阿贡火山

旅游资讯 地图导览

为"圣山"。山上庙宇广布，布撒基寺庙(Besakih)为主庙宇。你可以在母庙登山，寻找火山喷发的痕迹。关于阿贡火山还有个神话传说是诸神见巴厘岛摇动不稳，便将印度教的神山马哈默鲁（Mahameru）镇压在巴厘岛上，以稳固其地基，后来这座山被更名为阿贡火山。多样的传奇故事赋予了阿贡火山更加神秘的色彩，也吸引着越来越多的游客来访。

巴都尔火山

7. 巴都尔火山：巴厘岛上的"富士山"

巴都尔火山位于巴厘岛中部偏北边的山区，山形俊美挺拔，远远望去像日本的富士山，故而有巴厘岛上的"富士山"的美称。这里距离海边较远，空气非常干净清爽。火山虽曾经数次喷发，是当地人历史上的劫难，但同时也为这里带来了肥沃的土地，火山周围栽种有柑橘、香蕉、咖啡、椰子等。顶峰终年烟雾缭绕，山上覆盖着茂密的热带雨林，种着绿油油的水稻梯田，更有奔腾不息的小溪穿插于山间，为火山带来了勃勃生机。山上高处设有眺望台，从眺望台可观赏到巴都尔湖（Lake Batur）的美景。

8. 巴伦舞：巴厘人的神之舞

巴厘岛的"狮子与剑舞"被称为巴伦舞，是巴厘岛的"神之舞"。巴伦舞演出时，由两人出演并扮成神秘的动物，艳丽的服饰、夸张的面具、极具韵律的节奏，可谓是一种由缤纷色彩和优美舞蹈组成的舞蹈，别具一格。巴伦舞的题材多来源于古印度教的传说，是了解巴厘民俗文化的窗口。"神之舞"自然是跳给神看的，而有幸能观赏到这样的特色舞自然是沾了神的光。

9. 巴厘岛式SPA：身体的极致享受

到巴厘岛游玩，不享受原汁原味的SPA等于没来过巴厘岛。巴厘岛SPA环境隐秘，注重人体五大感官上的感受，即通过听觉（疗效音乐）、味觉（花草茶、健康饮品）、触觉（按摩抚触）、嗅觉（芳香精油等）、视觉（自然或仿自然景观）等方面，给人带来身、心、灵的美好体验和极致享受，使人得到全方位的放松。预订SPA服务时，一定要指明你想要男性治疗师还是女性治疗师，并说明治疗中需要关注的要点，以便帮助治疗师了解你的症状和需求，施予合适的按摩。

10. 漂流：惊险刺激的挑战

巴厘岛游玩有张有弛，刚柔相济。如果说SPA是"柔"，那么"漂流"就是"刚"，而且更具挑战性和刺激性。巴厘岛有许多地方可以漂流，其中以阿戎河漂流和特拉嘎河漂流最有名，阿戎河漂流离乌布较近，漂流线路总体而言比较平缓，但也扣人心弦，其乐无穷；特拉嘎河漂流更刺激，距乌布稍远。漂流中，飞驰而过的两岸自然风光，辽阔的田野，垂直的瀑布，交替出现，变幻无穷，令人赞叹不已。

巴厘SPA

特拉嘎河漂流

精华旅游路线推荐

1. 4日游精华线路推荐

第一站：圣猴森林公园—乌布王宫

圣猴森林公园虽然不是很有名，但当地特有的巴厘猕猴却吸引了不少游客，这些巴厘猕猴顽皮、淘气，并有专人喂养，生活过得有滋有味。逛完公园就可以来到乌布小镇逛一逛，乌布王宫是来到乌布的必游景点，外表朴实无华的乌布王宫，内殿却很亮丽，手工雕刻和贵气逼人的金箔装饰，吸引着许多艺术爱好者慕名而来。

巴厘猕猴

第二站：圣泉庙—水神庙—百度库

圣泉庙中有十多个出水口，历经千年依然清澈。据说每个出水口

圣泉庙

的功效都不同，有的可以消灾解祸，有的可以驱逐病痛，有的可以洗涤心灵，附近有些居民每天早、中、晚都来此沐浴。逛完圣泉庙就可以向水神庙进发，仙境般的水神庙是巴厘岛最具特色的寺庙，庙里供奉的湖泊女神是当地人的寄托。从水神庙出来继续前行就可以到达百度库景区，在这里不仅可以品尝新鲜的水果，还可以买一些特色纪念品回去。

圣泉庙

第三站：库塔海滩—金巴兰海滩

库塔海滩是游客比较集中的地方，也是一个充满乐趣的度假胜地，海滩上娱乐活动丰富，是冲浪的好地方。在库塔海滩游完以后就可以前往金巴兰海滩欣赏最美的海上日落。每到傍晚，沙滩上摆满了餐桌，游客早早来此占据有利位置，一边品尝海鲜大餐，一边观赏壮丽的日落。附近机场起降的航班划过火红的天空，更是其他地方看不到的景象。

第四站：情人崖—海神庙

来到情人崖可以看看海景或者玩惊险刺激的海上冲浪，情人崖上美丽的传说、悬崖断壁的自然奇景，大自然的鬼斧神工一定会让你惊叹不已。从情人崖出来前往海神庙，海神庙遗世独立于危崖之上，落日的余晖吸引了众多摄影爱好者前来，海神庙有一处突出于海岸线的高地，是最理想的摄影角度。

2. 5日游精华线路推荐

第一站：海神庙—百度库—水神庙

海神庙是供奉巴厘诸神的主要寺庙，一段狭窄的悬崖延伸入海，寺庙就建筑在这悬崖之上。每逢潮涨之时岩石被海水包围，整座寺庙与陆地隔绝，只在落潮时才与陆地相连。离开海神庙，来到著名的百度库，这是火山口塌陷，雨水、泉水经过万年的累积汇聚形成的火山湖地区，新鲜美味的水果是来此必须品尝的美食。游完百度库还可以前往附近的水神庙，安静庄重的水神庙坐落在湖中，寺庙旁边的草莓小站颇受好评，草莓奶昔评价很高。

第二站：罗威那海滩—巴都尔火山—布撒基寺

罗威那海滩是巴厘岛最宁静的海滩之一，去罗威娜看海豚是巴厘岛的热门旅游项目。每到黎明时分，数百条海豚就会集体外出猎食，在海面上形成壮观的"海豚军团"。观赏完"海豚军团"，离开罗威那海滩就可以前往巴都尔火山，火山对面的山上聚集了多家餐馆，游客吃饭时还可以遥望壮观的巴都尔火山和美丽的火山湖。下午就可以来到布撒基寺参观，布撒基寺是巴厘岛最古老、面积最大的印度教寺庙群，也是巴厘印度教寺庙的总部，被称为"母庙"。

第三站：乌布王宫—果阿拉瓦庙

第三天可以在乌布小镇转一转，乌布王宫是小镇的必游景点，内殿的雕刻艺术品以及贵气的金箔装饰都是王宫的亮点。游完乌布王宫，不妨到果阿拉瓦庙看一看，这是巴厘岛唯一的石窟寺院遗址，很值得参观。

第四站：萨努尔海滩

萨努尔海滩是一处比较安静的海滩，白天没有太多喧嚣热闹的场景，适合发呆或静坐。如果玩累了或者厌倦了海滩熙熙攘攘的人群，不妨来到这里，悠闲雅致地过完一整天。到了晚上还可以欣赏巴厘岛原汁原味的土著舞蹈。

第五站：蓝梦岛

蓝梦岛位于巴厘岛东南面，光听名字就很令人向往，这里号称有巴厘岛最好的海水。若时间充裕，可以单独安排一天游玩蓝梦岛，如冲浪、潜水等。还可以骑车探寻神秘沙滩，或乘小型舟艇在红树林中探险。

罗威那看海豚

东 爪 哇		
JAWA TIMUR	1	2

爪哇岛
Pulau Jawa

吉打邦

伯达克角

门姜岸岛
Pulau Menjangan

巴 厘
LAUT BALI

普拉基
Pulaki

吉利马努克
Gilimanuk

巴纽沃当
Banyuwedang

贡多尔 Gondoi

塞里里特
Seririt

罗威那海滩

泽基克
Cekik

孙伯尔克兰珀克
Sumber Kelompok

默布克山
▲ 1388

布龙邦

班贾拉森

彭阿斯图兰
Pengastulen

贝林宾萨里
Belimbingsari

国立国家公园
Taman National Bali Barat

巴

马永
Mayong

默拉亚 Melaya

巴厘海峡 Selat Bali

厘

图卡达亚

内加拉
Negara

门达亚 Mendoyo

普普岸
Pupuan

彭安本岸
Pengambengan

耶布阿

耶孙布尔

帕夸兰

彭安本岸角

普兰扎克
Perancak

珀库塔坦

巴利安海滩

旅游资讯　地图导览

爪 哇 岛
Pulau Jawa

东 爪 哇
JAWA TIMUR

布兰邦岸半岛

Pura Luhur Ulu Watu

印
IND

094

巴厘岛(印度尼西亚) Bali (Indonesia)

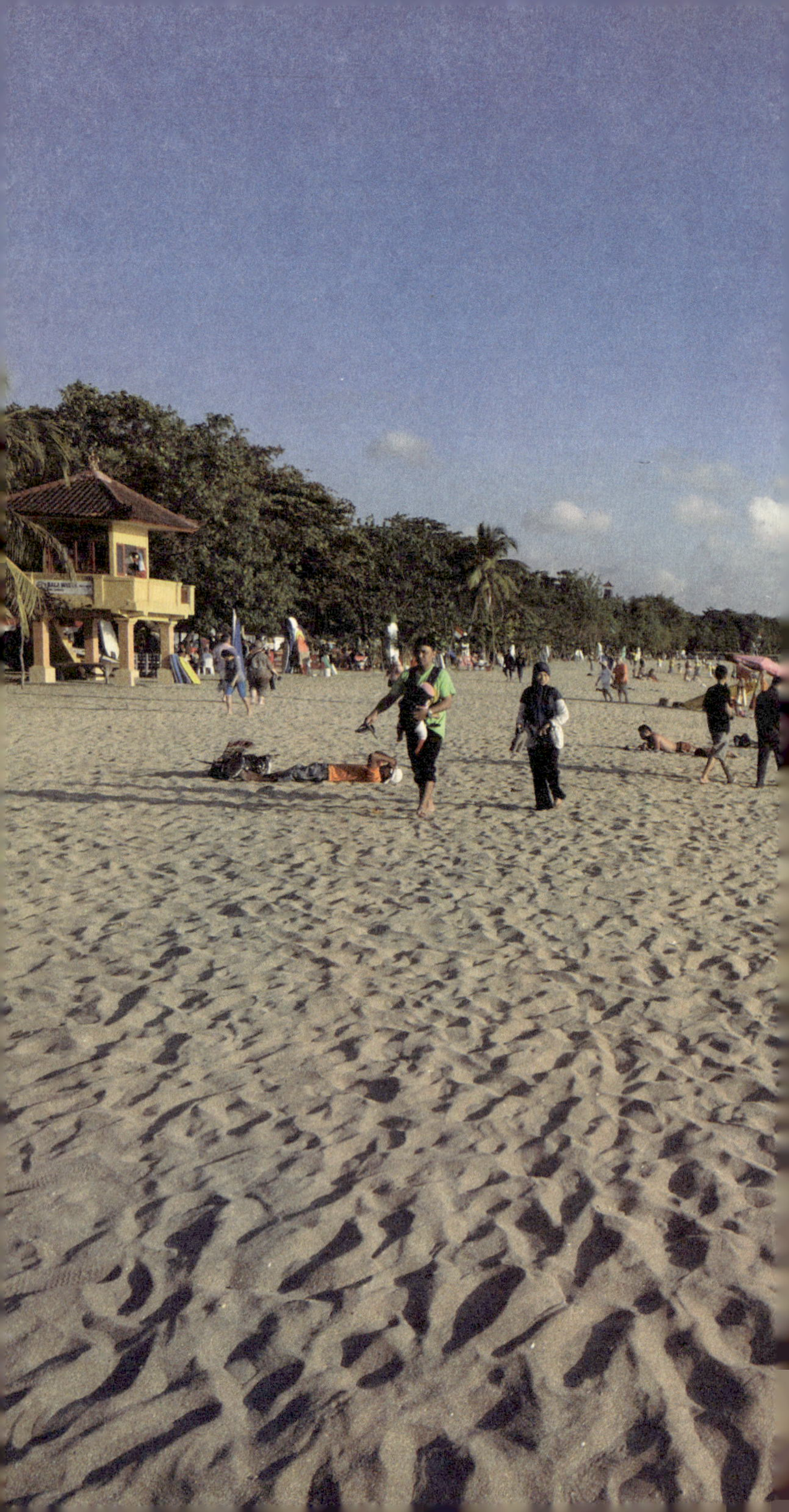

巴厘岛海滩、海岛旅游热点

到巴厘岛享受海沙滩,沐浴阳光,是人们必不可少的项目。巴厘岛四面环海,沙滩密布。巴厘岛有许多著名的海沙滩,值得人们去欣赏、去享受阳光,甚至去"发呆"。

海滩

努沙杜阿海滩、南湾海滩、梦幻海滩、罗威那海滩、库塔海滩、萨努尔海滩、金巴兰海滩(P038)

海岛

蓝梦岛、金银岛、珀尼达岛

沙滩排球

棕榈树上的美女

1. 努沙杜阿海滩（地图 P095C3）

努沙杜阿海滩(Nusa Dua Beach)位于巴厘岛最南端，海滩静谧而温馨，以清澈见底的海水闻名，是欣赏日出的绝佳地。放眼望去，沙滩表面像是被海水冲刷得很光滑的一面平镜，与碧蓝的天空、朵朵白云遥相呼应，美得像一幅从天堂跌落到人间的手绘画一般写意。赤足在沙滩上漫步，这里细腻而柔软的沙子、海边的自然美景、充足的赤道阳光以及阵阵的海浪冲撞声，总能让人流连忘返。沙滩周围有顶级奢侈酒店林立，从酒店就能眺望远处蔚蓝的大海，吸引了很多游客在此修身养性、度假休闲。

努沙杜阿海滩

2. 南湾海滩（地图 P095C3）

南湾海滩 (Pantai Taniung Benoa) 位于努沙杜阿区的一角，也是水上活动区，有飞鱼、水上摩托艇、香蕉船、火箭、降落伞等娱乐项目，充满诱惑。南湾海滩的海水非常清澈，墨绿色的海藻漂浮在水里，梦幻而又充满神秘。从这可搭乘玻璃底船前往海龟岛，悠哉地喂食海中成群的各色热带鱼，尽情地欣赏船底下瑰丽多彩的珊瑚礁群。海龟岛上的大海龟、大蟒蛇、大蜥蜴享受的是明星待遇，想和它们拍照留念的人得排队等待。

潜水　　　　　　　　　　香蕉船

3.梦幻海滩（地图 P094C2）

梦幻海滩(Dream Beach)位于乌鲁瓦图区，是很漂亮的度假场所，会所式经营，建筑清新，有酒店、高尔夫球场、别墅区。这里风急浪高，不适合泛舟、游泳，但却是晒太阳与冲浪的好地方，深得寻求刺激的年轻一族的青睐。餐厅旁的游泳池与大海连成一色，无边无际，纯净而又浪漫的海滩，吸引着世界各地的游客来访。梦幻海滩美得让人无法用语言来表达，任何高清摄影摄像装备都无法展示其无限的魅力。

4.罗威那海滩（地图 P094A2）

罗威那海滩（Lovina Beach）的意思是"蜜汁海"，是由辛加拉加的最后一位酋长命名的。由于海边的火山岩长期受海水冲刷，形成了独特的黑色沙滩。这一带海域生

活着数百头海豚,每到黎明时分,它们就会集体外出猎食,在海面上形成颇为壮观的"海豚军团"。每年的7—8月是罗威那海滩最热闹的时候,很多人都会选择来到这里休闲度假。

5. 库塔海滩（地图 P095C3）

库塔海滩(Kuta Beach)离登巴萨约10千米,海滩边有很多露天酒吧。风光特异,沙滩细致,悬崖下海涛阵阵,壮观无比,很多冲浪高手到此比赛。过去这里只是一个无人问津的小村落,现在却已非常繁华。海滩上有许多小贩,沿街兜售着各式各样的商品、T恤以及海滩服饰品。这里欧、美、澳洲游客众多。

贴士

来这里的人非常多,主要干道白天都会塞车。在海滩边上,可以看到许多小贩,他们沿街兜售各式各样纪念品以及海滩服饰等。除了吸引人的斜阳美景外,晚上专为游客准备的巴厘歌舞表演也值得一看。

冲浪

6. 萨努尔海滩（地图 P095C3）

萨努尔海滩以观看海上日出著称。海滩较为安静，更适合独自静坐、发呆。沿岸有不少珊瑚礁，是岛南部主要的潜水地点。海滩上有一座高达11层的酒店，是巴厘岛最高的建筑，被称为"岛上最难看的建筑"，因为破坏了和谐的自然景观而受到强烈批评。这里原本只是一个靠海的小村庄，因拥有美丽迷人的海景，逐渐成为巴厘岛最著名的海滩游乐区之一。对于喜欢幽静的游客，萨努尔海滩绝对是最佳选择地，这里没有热闹喧嚣的环境。只有在夜晚，人们才开始活跃起来，热闹的现场演唱，以及巴厘岛原汁原味的土著舞蹈，都是吸引游客的亮点。

萨努尔海滩

7. 蓝梦岛（地图 P095C4）

蓝梦岛(Nusa lambongan)海水清澈，放眼望去，水下生物清晰可见，岛上茂盛的椰树林形成一道亮丽的风景线。岛上的居民大多数以种植海藻为生，这里也是巴厘岛著名的海藻养殖基地。岛上也有潜水地点，如果觉得潜水不够刺激，也可以选择惊险刺激的水上冲浪活动。

蘑菇海滩

蘑菇海滩（Mushroom Beach）是蓝梦岛附近一个美丽的小海湾，而蘑菇海滩的名字取自于近海的蘑菇珊瑚。这里有一湾雪白的沙滩，游人来到这里最喜欢做的事情就是光着脚在沙滩上漫步，不仅可以欣赏到美丽的景色，还可以体验到脚踩在沙滩上所带来的舒适感。白天，蘑菇海滩的宁静可能会被香蕉船或帆伞的喧嚣所打破，但其他时间这里都很安静。

8. 金银岛（地图 P095C4）

金银岛(Nusa Ceningan)位于巴厘岛近海，是蓝梦岛以南的一个小岛，岛上风景极好，柔软的草甸一直延伸到海边悬崖。岛上各种服务设施完善，提供丰盛可口的餐食，还有丰富的水上活动等，都对游客有着很强的吸引力。岛上可游玩的项目很多，潜伏、海底监狱、香蕉船、独木船、海钓、斗鸡等，无论是哪种娱乐，都能让你玩得很畅快。

水中烛光晚餐

9. 珀尼达岛（地图 P095C4）

珀尼达岛(Nusa Penida)很容易被游人所忽略，这里是探险、休闲度假的最佳地点。岛上的慢生活节奏，会让你有一种前所未有的放松。岛上的水晶湾有清澈的海水，沙石又白又细，是人们野餐的好去处，来到这里可以让人感受到巴厘岛当地真正的田园生活。此外，岛上还有世界级的潜水点，水晶海湾（Crystal Bay）、Suana Bay等都有潜水商店，游客可以根据自己的需要安排行程。

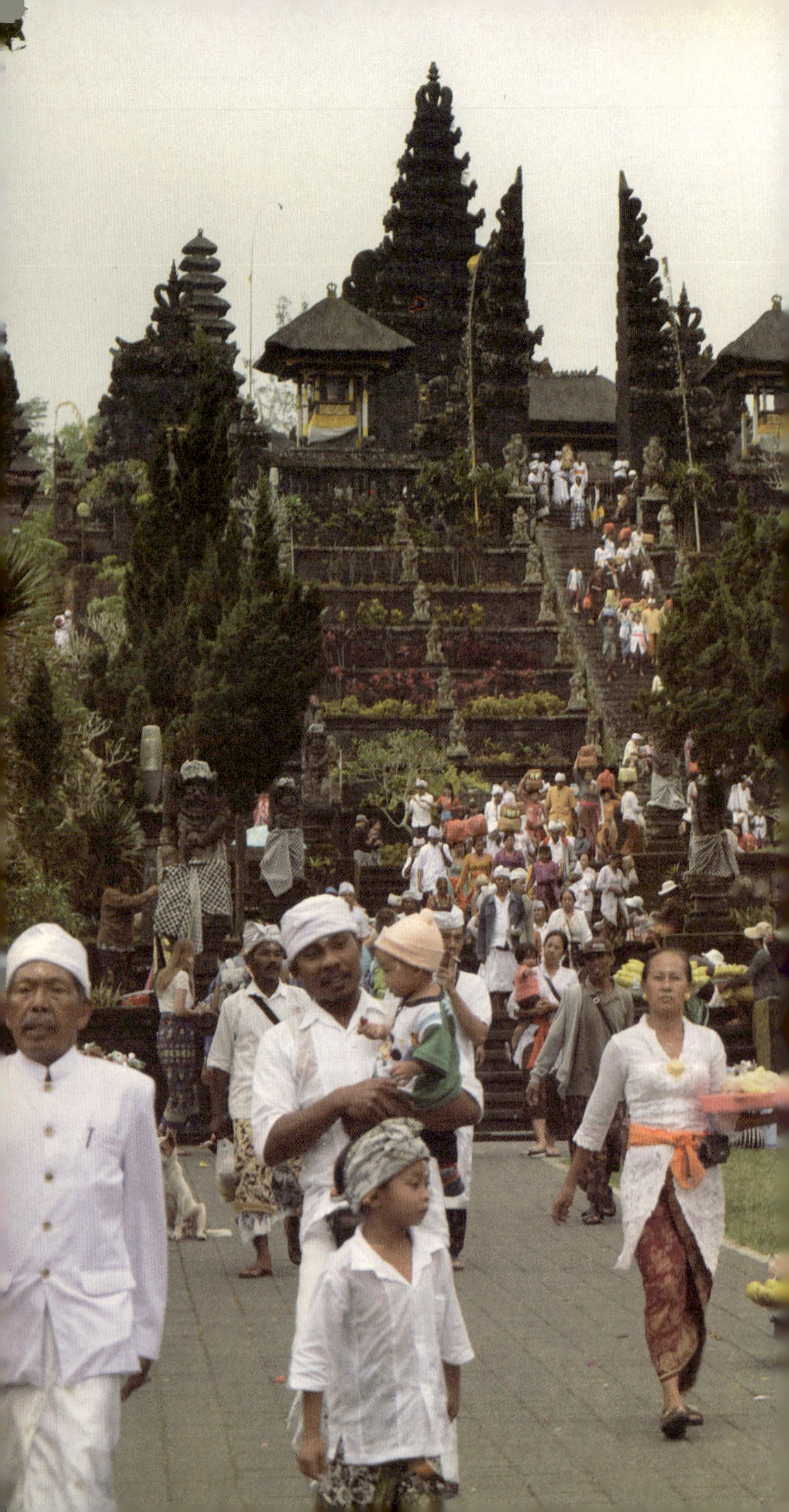

巴厘岛庙宇神寺旅游热点

巴厘岛有"千寺之岛"之称,全岛多达12 500座的庙宇让人看得眼花缭乱。岛上全年各式各样的庙会,以千百计。

庙宇神寺

海神庙、布撒基寺庙(P038)、圣泉庙、水神庙、果阿拉瓦庙、卡威山印度教庙宇群

1. 海神庙（地图 P094C2）

海神庙坐落在海边巨大的岩石上，是巴厘岛最重要的印度教庙宇之一。海神庙始建于16世纪。非印度教徒，是禁止入内的，该庙主要用于祭祀海神。潮涨之时，岩礁被海水包围，整座寺庙与陆地隔绝，孤傲地屹立在波涛汹涌的印度洋之上。潮落时，无数善男信女会踏着濡湿的礁石，前往庙内顶礼膜拜。传说庙下面的礁石洞穴里，藏有剧毒海蛇，它们是守护神，主要任务是防止邪灵入侵者来犯。据说在建庙之初忽逢巨浪，庙宇岌岌可危，圣贤尼拉塔见状，立刻解下身上的腰带掷入海中，腰带顿时化为两条海蛇，顷刻之间风平浪静，海神庙从此安然无恙。

祭祀海神场面十分虔诚，祭祀时，一位印度教长者坐在小凉棚里击打着当地的一种乐器，音律简单纯净，很空灵。十几个印尼青年男女，盘坐在平整的石板地上。小伙子白衣白头巾，姑娘们缠着腰带，双手合十，面向大海，口中念念有词，进行祈祷。那洗尽铅华，忘却宠辱的神态，极为庄严神圣，令人心生敬畏。

> **贴士**
>
> 海神庙对岸有很多可以吃饭、休息的小店，很多人会选择一家小店，坐下来静静地欣赏神庙与海景。海神庙出口处有一家中文招牌的三代冷饮店，可以吃到美味的椰子和新鲜的椰肉。此外，站在海神庙对岸陆地上的一座小亭里，可远眺日落美景。在海神庙右边一处突出于海岸线的高地，可以找到理想的摄影角度。

2. 圣泉庙（地图 P095B3）

关于圣泉庙(Pura Tirta Empul)一直流传着一个传说，据说远古时有巫师在水中下毒毒害村民，大神因陀罗以矛刺地涌出泉水，解救了村民，这就是圣泉庙的来历。寺中有十多个出水口，历经千年依然清澈。每个出水口的功效都不同，有的可以消灾解祸，有的可以驱逐病痛，有的可以洗涤心灵，附近居民每天早、中、晚三次来此沐浴。圣泉庙附近的小山上有一座欧式建筑，是印尼总统行宫，曾接待世界各国政要来访。

整座圣泉庙环绕一处圣泉而建，寺庙的建筑颇具规模，在这里几乎可以看到巴厘岛所有寺庙的特点。圣泉涌出地面时，泉眼处水涌沙舞，如硕大的黑牡丹盛开在清水中，相当壮观。

贴士

在这里最不能错过神庙的盛典，巴厘岛人相信圣泉庙的泉水能带来健康与财富，善男信女顶礼膜拜，虔诚的模样让人深有感触。此外，可在圣泉庙门口的小商品街逛逛，这里的贝壳装饰的小商品很漂亮，随手买上几件是作为纪念品的最好选择，这里的东西价格实惠，当然，如果觉得要价过高还可以砍价。

圣泉庙

3. 水神庙（地图 P095B3）

水神庙(Pura Ulun Danu Bratan)的庙宇一半是印度教，一半是佛教风格，庙里供奉和祭奠着湖泊女神——达努，她是当地人的精神寄托。此神庙，人少、安静、雾气弥漫，适合摄影。神庙来往的游人不是很多，清幽雅致，有人说水神庙在山之中，亦在水之中，雾气与水烟折射出的光影，使湖面景致变化万千，仿佛人间仙境一般。寺庙附近有一个莱拉植物园，也是一处必看的观光景点。

4. 果阿拉瓦庙（地图 P095B4）

果阿拉瓦庙(Goa Pura)是巴厘岛唯一的石窟寺院遗址，被荷兰考古学家发现，一般认为这里曾经是昔日佛教高僧修行之地。遗址群包括圣泉池、果阿拉瓦庙本身及佛教建筑遗迹区三部分。其中圣泉池是座印度式露天浴池，曾是出水口，如今池水已干涸。

卡威山印度教庙宇群

5. 乌布王宫（地图 P095B3）

乌布王宫(Puri Saren Agung)拥有金碧辉煌的院门、陈旧的石雕墙壁及色彩艳丽的热带植物，给人以自然、古朴的感觉。乌布王宫殿内却极其富丽堂皇，精致细腻的手工雕刻和贵气逼人的金箔装饰，每年都吸引着众多艺术爱好者慕名前来。整座建筑极具印尼特色，草编的屋顶、做工精细的雕刻山门，各院门口还有石雕佛像，王宫没有给人高高在上的庄严感，反而让人觉得亲切。此外，晚上在宫殿里还能欣赏到许多精彩的极具巴厘岛本土特色的传统舞蹈表演。

6. 卡威山印度教庙宇群

卡威山（Gunung Kawi）上有一个印度教庙宇群，建于11世纪。当时的国王Anak Wungsu选择这里修建冥思石窟，国王死后，后人为他及他的家人建了十几座佛教石龛。这里被誉为"第二个圣泉庙"。建筑风格与圣泉庙相似，只是相对安静。周围环境优美，茂密的古树，翠绿的山谷梯田，迎风摇曳的椰树，河流沿山而下，形成的层层小瀑布景象壮观，让人忍不住驻足观看。这个"低调"的古迹给人一种没有过度开发的真实感。

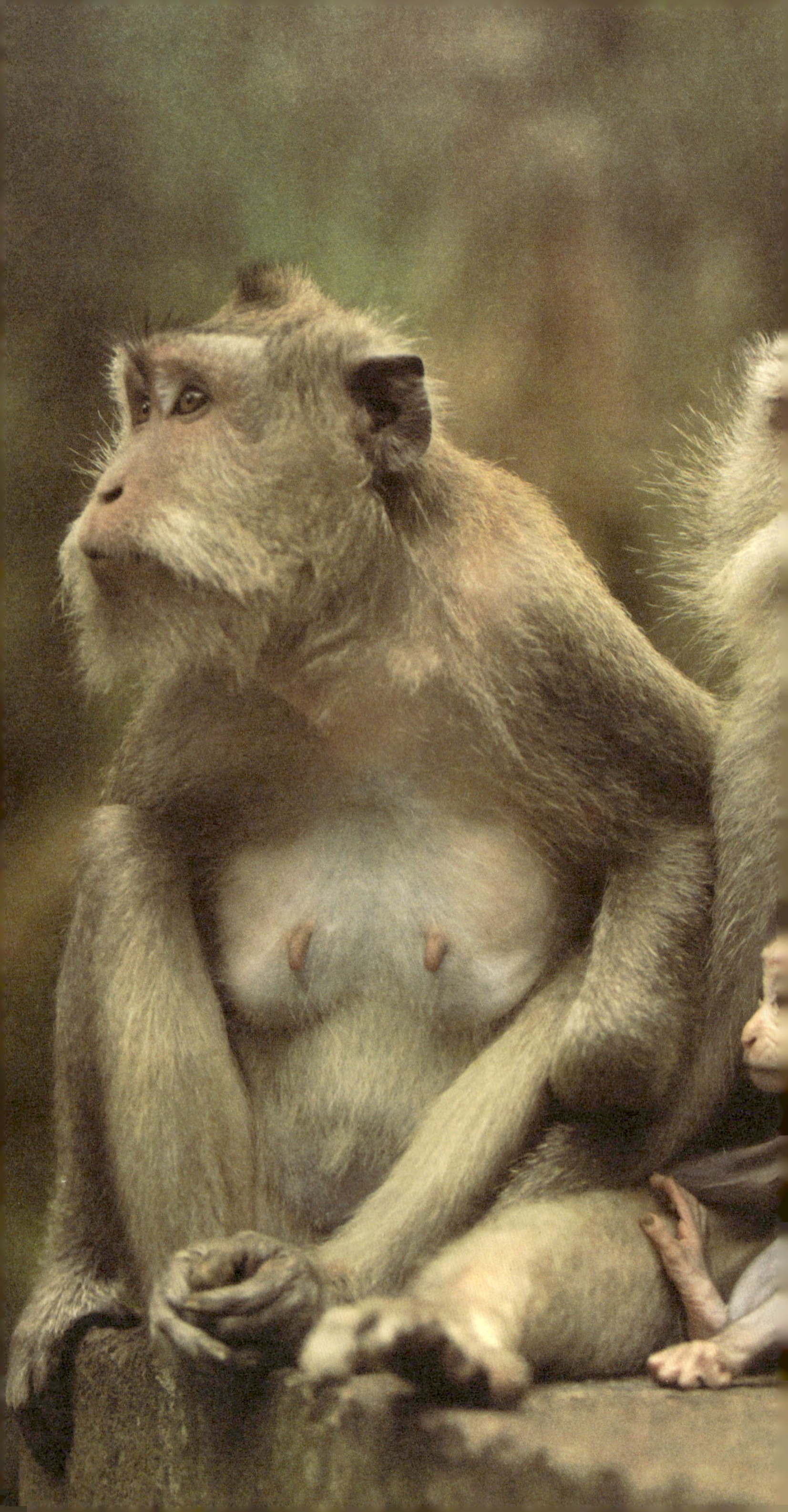

巴厘岛特色公园旅游热点

　　一般来讲，有山、有树、有水，加之有动物和一些人文景观，就构成了公园的基本条件，而巴厘岛处处有山、处处有树、处处有水，天上的飞禽、地下的走兽，无所不有，所以说巴厘岛本身就像是一座大公园。这里的各类公园像珍珠一样撒满了巴厘岛，虽然部分公园收费，但收费价格都不太高，值得一游。

特色公园
国立国家公园、圣猴森林公园、鸟园、蝴蝶园、神鹰文化公园、巴厘岛野生动物园

1. 国立国家公园（地图 P094A1）

国立国家公园(Taman National Bali Barat)占有巴厘岛总面积10%的土地，涵盖了火山、热带雨林、草原、沿海滩涂、海岛等诸多地貌，生态环境原始而多变。公园内约有160种鸟类，其中不少是独有的濒危鸟类。孟赞干岛在公园北部，是潜水和浮潜、观赏珊瑚礁的最佳地点。

2. 圣猴森林公园（地图 P095B3）

圣猴森林公园位于巴厘岛中部，是一片豆蔻林，林中生活着当地特有的巴厘猕猴。巴厘居民认为猴子是神猴哈奴曼的部下，也应该当做神灵敬奉。因此这里的猴子生活得无忧无虑，还有专人喂养。据说从前猴子经常骚扰村民，破坏农作物，当地人只好在林中修建神庙加以震慑。这座建于17世纪的庙宇平时不对外开放，但猴子们可以自由出入。

3. 鸟园（地图 P095C3）

鸟园位于巴土布兰村边，虽不大，却布置得别具特色。园内有250多种珍奇鸟类，总数超过1000只。最珍贵的是天堂鸟、白色的八哥等。鸟园旁另有一座爬行动物馆，可以看到和恐龙同时代的生物科莫多巨蜥。步行于鸟园中，随处可见荷花和睡莲静卧水塘，非常美丽。在这里，可以免费与漂亮的鹦鹉合影，走累了还能到园中的小型餐厅用餐、歇息。

鹦鹉

4. 蝴蝶园（地图 P095B3）

蝴蝶园（Taman Kupu Kupu）位于乌布西部的塔班南以北7千米，据说这是亚洲最大的蝴蝶园。这里栖息着印尼多种多样的蝴蝶，其中很多为珍稀品种。园中附设的商店出售蝴蝶标本，是很好的纪念品。不妨带些美丽的蝴蝶标本回去，用另一种方式记录它们的美丽。

5. 巴厘岛野生动物园（地图 P095C3）

巴厘岛野生动物园（Bali Safari and Marine Park）位于吉安雅，园区中设有儿童游乐园、玻璃景观餐厅、传统舞蹈表演等区域，可搭乘园区专车与动物近距离接触。在这里你可以看到包括科莫多巨蜥在内的超过百种动物和数十种野生动物的自然栖息地，从亚洲的热带雨林到非洲大草原都有。在巴厘岛，除了可以做SPA、欣赏美景、发呆之外，到这里与各种小动物亲密接触也不失为一个不错的选择。

6. 神鹰文化公园（地图 P095C3）

神鹰文化公园（Garuda Wisnu Kencana Culture Park）被很多人称为神鹰广场（Garuda Wisnu Kencana），坐落在巴厘岛南部新邦恩以北，是苏哈托时代留下的广场。这里原本要竖起一座世界上最高大的神鹰铜像，神鹰背上骑着巴厘岛的最高神明"破坏神"，他是印度三位一体神之中的保护者。据传一位高僧曾指点苏哈托，这座铜像铸成之后将庇佑印尼国运昌盛，人民幸福平安，可惜铜像只完成了"破坏神"的头部、胸部以及神鹰的头部。虽然没有看到整体的铜像，但完成的部分已经让人们大开眼界了。

神鹰文化公园

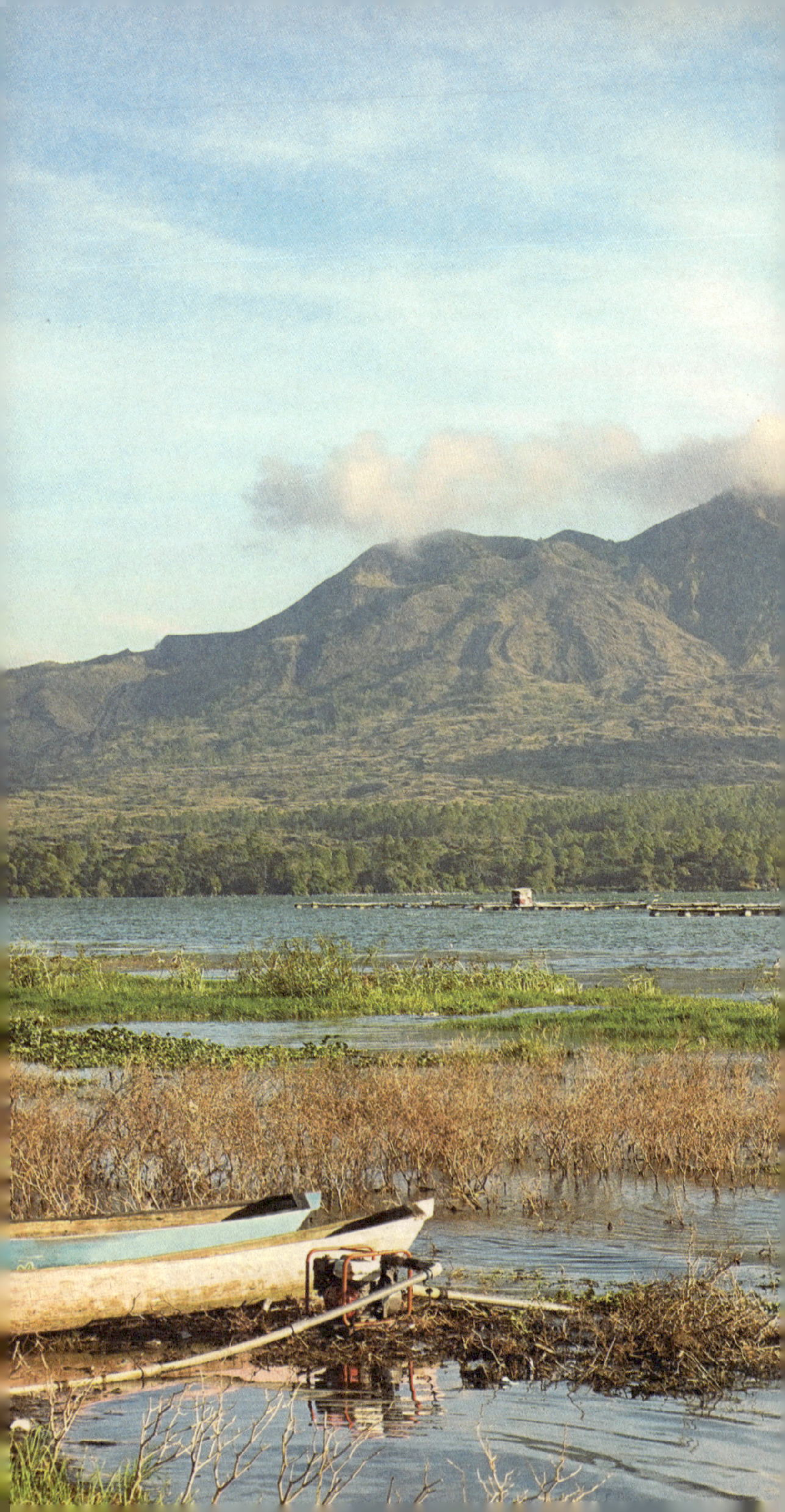

巴厘岛火山地质壮景旅游热点

　　巴厘岛处于地壳运动活跃的地方,由于三大板块(太平洋板块、印度洋板块和亚欧板块)彼此挤压,时常引发地震。在地壳隆起形成山地的同时,地下灼热的岩浆也顺地裂缝上涌,在地面喷发形成火山。

　　上帝把全世界近三分之一的火山都安置在了印尼群岛上。到巴厘岛的游客,除了在绝美的海滩休闲之外,一定要来趟登顶火山的苦旅。浅尝辄止地欣赏自然景观,这只是眼睛的旅游;对于火山,只有背上装备齐全的行囊,带上一颗对大自然敬畏的心,走近它感受一番,才是真正的心灵旅游。

火山地质壮景

巴都尔火山、阿贡火山(P044)、百度库、情人崖(P041)、贾蒂卢维梯田(P040)、特加拉朗梯田

1. 巴都尔火山（地图 P095A3）

巴都尔火山位于巴厘岛中部北边山区的京打玛尼，离登巴萨68千米，是以巴都尔火山为中心的高原地区，也是少有的清凉地带。这儿的山顶终年烟雾弥漫，山上覆盖着茂密的林木，种植着绿油油的水稻梯田，山间更有奔腾不息的小溪，景色宜人，沿途还经过马斯（木雕村）。

巴都尔火山是游人到访最多的火山，它酷似"富士山"，海拔高度1717米，不仅历史悠久，还是一座活火山。这里是典型的"火山套火山"结构，其外火山形成于3万年前的一次大爆发，经过长时间的塌陷，就形成了硕大的破火山口"碗"，直径长达14千米。巴都尔火山不过是在大火山口内，沙海之中又冒出来的一个小火山，是1963年喷发时留下的，直径约7000米，深60米。火山喷发时摧毁了许多神社、村庄，但同时也使得四周的土地变得肥沃，火山周围一带栽种着柑橘、香蕉、咖啡、椰子以及包菜、洋葱等富含矿物质的蔬菜，火山灰还有利于稻田生态系统。

火山每次喷发后的岩浆堆积都使得火山整体逐渐向西移动，并形成新的火山坑。由于长年累月山泉水不断地涌出，雨水不断集聚，大沙海内形成了巨大的新月形火山湖。一眼望去，在大火山口内，一半是沙海和熔岩地貌，另一半是火山湖。人们骑着白马、扬着马鞭，在清澈宜人的湖水岸边周围漫步或奔驰，惬意心情和潇洒情趣可想而知。

巴都尔火山在休眠期间，山口也不时地冒出白烟，蔚为壮观。这一带村民的习俗和普通巴厘人不同，他们不进行火葬、土葬，而是天葬。到这里看完火山后，人们通常会去看一看巴厘人引以为荣、层林尽染的农作物梯田。

2. 百度库（地图 P095B3）

百度库（Bedugul）又称"山中湖"，位于巴厘岛北方，依傍着布拉坦湖，周围被森林环绕，在浓雾的覆盖下显得格外宁静。百度库是由三座火山湖形成的自然水库，由于火山喷发后的土壤肥沃，加上高山气候适宜种植水果蔬菜，所以该处又有"水果宝库"之称。这里的水果品种多样，有榴莲、山竹、芒果、菠萝蜜、香蕉、木瓜、菠萝等，新鲜且价格实惠，游客可在Bukit Mungan市场买到。此外，这里的野生兰、玫瑰等五颜六色的花种以及手工艺品，也吸引着很多游人的眼球。

3. 特加拉朗梯田（地图 P095B3）

说到巴厘岛的梯田风光，不得不提特加拉朗梯田。特加拉朗梯田以雄伟的火山为背景，其中有椰树点缀，它将热带风光与田园美景结合，形成独一无二的梯田风光。在这里，你可以走进那些出现在明信片和摄影作品中的场景，感受流连田间的乐趣。

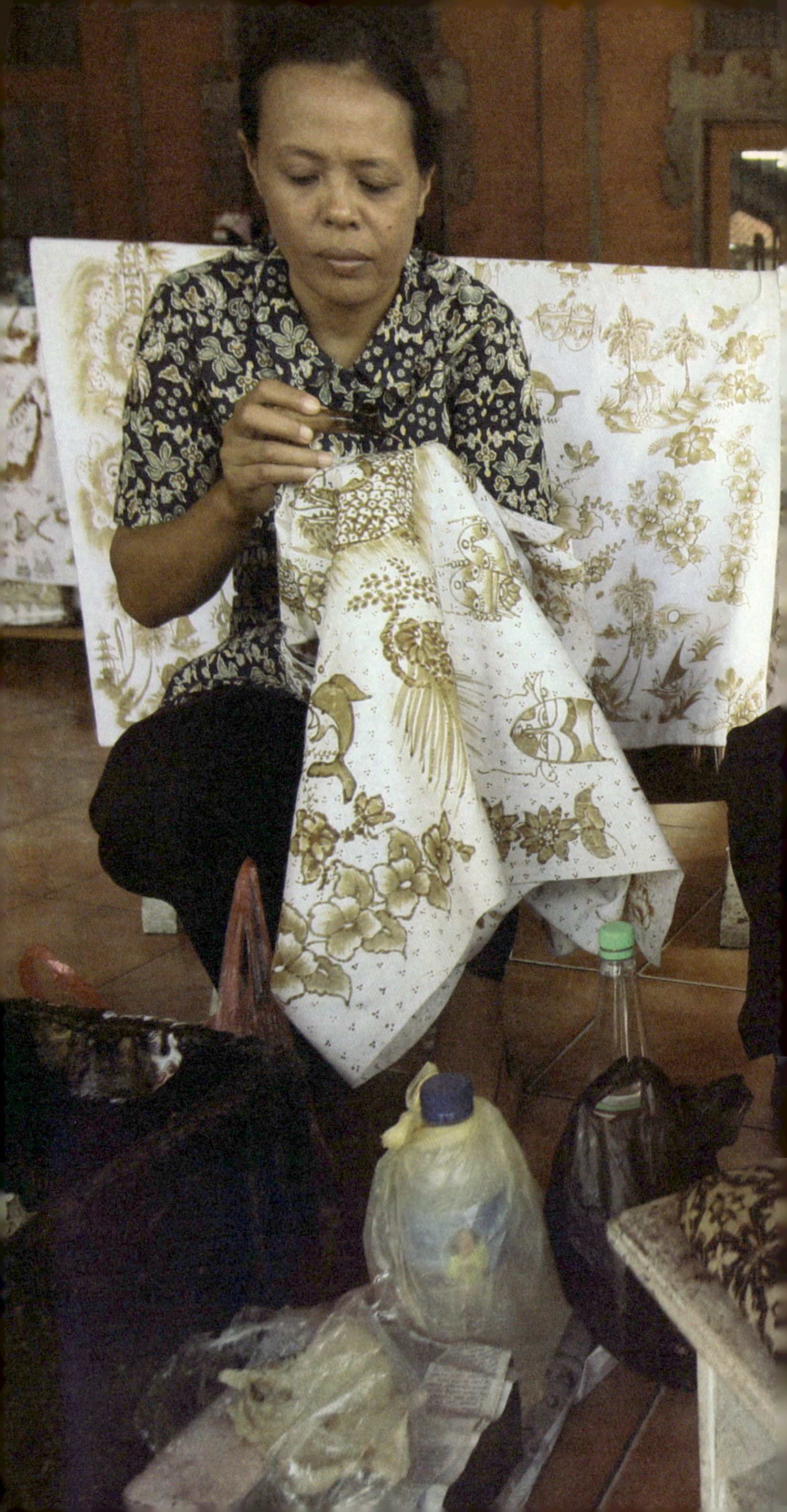

巴厘岛特色村庄小镇游热点

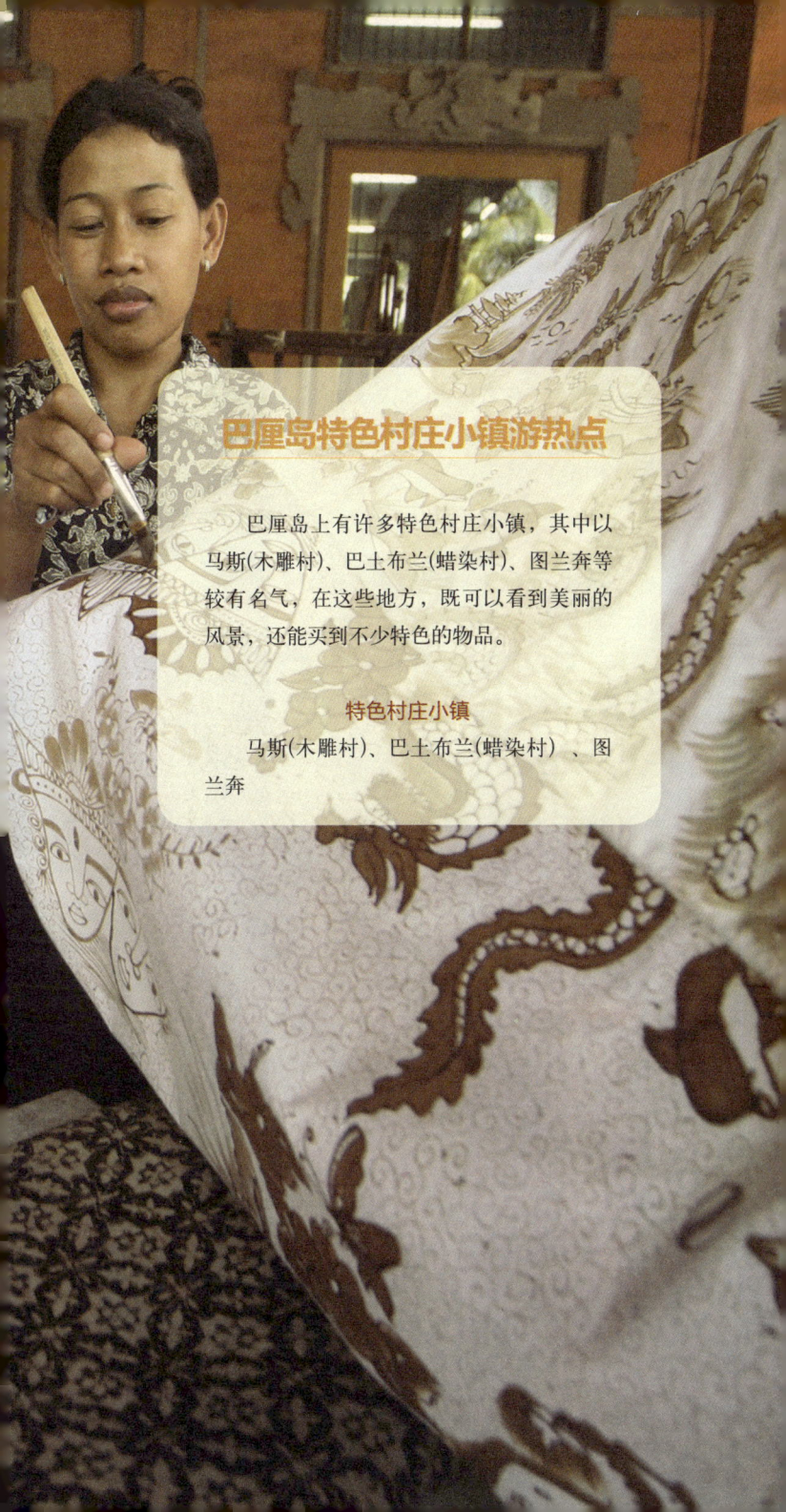

巴厘岛上有许多特色村庄小镇,其中以马斯(木雕村)、巴土布兰(蜡染村)、图兰奔等较有名气,在这些地方,既可以看到美丽的风景,还能买到不少特色的物品。

特色村庄小镇
马斯(木雕村)、巴土布兰(蜡染村)、图兰奔

1. 马斯（木雕村）[地图 P095B3]

马斯(Mas)在印尼语中是"金子"的意思。这里是印尼手工艺术品的盛产地，也是巴厘岛的木雕之乡。这里的木雕多以传统题材为主题，包括祭祀舞蹈使用的面具、乐器和神话人物等。村内几乎所有木器店的工作室都开放供游客参观，游客可以看到雕刻师现场展示手艺，增加雕刻常识。

贴士

马斯(木雕村)的木雕作品形式各异，绝无雷同，个性化的雕刻受到艺术收藏家的喜爱。在这里除了可以参观木雕制作过程，还可以参加3~5天的木雕课程。

2. 巴土布兰（蜡染村）[地图 P095C3]

巴土布兰在当地语言中的意思是"月亮石"。蜡染村很小，最大的特点就是许多妇女用特质的画笔蘸上烧化的蜡在棉布上作画。这里的手工蜡染布图案素雅，价格低廉。如果感兴趣，游客可以尝试亲手染件布料或衣服作纪念。

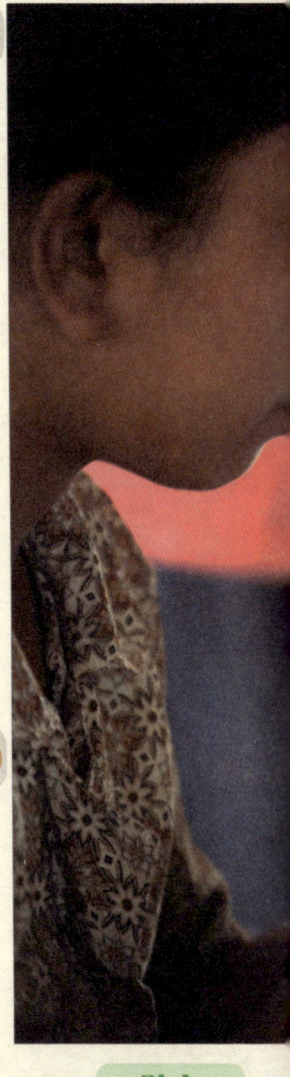

贴士

巴土布兰(蜡染村)有许多购物小店，除了蜡染产品外，还有很多别致的民族特色产品，从儿童到老人的都有，是购买纪念品的首选地之一。另外，这里每天上午和下午各有一场传统的巴荣舞表演。

制作蜡染的妇女

3. 图兰奔（地图 P095A4）

图兰奔(Tulamben)是巴厘岛东北的一个海边小镇，这里并没有很好的咖啡馆和酒吧，甚至距离小镇很近的沙滩都无法与其他海滩相比。但这里却被称为全世界最美的50个潜水胜地之一，是潜水爱好者的乐园，每年有很多潜水爱好者不远万里来到这里。

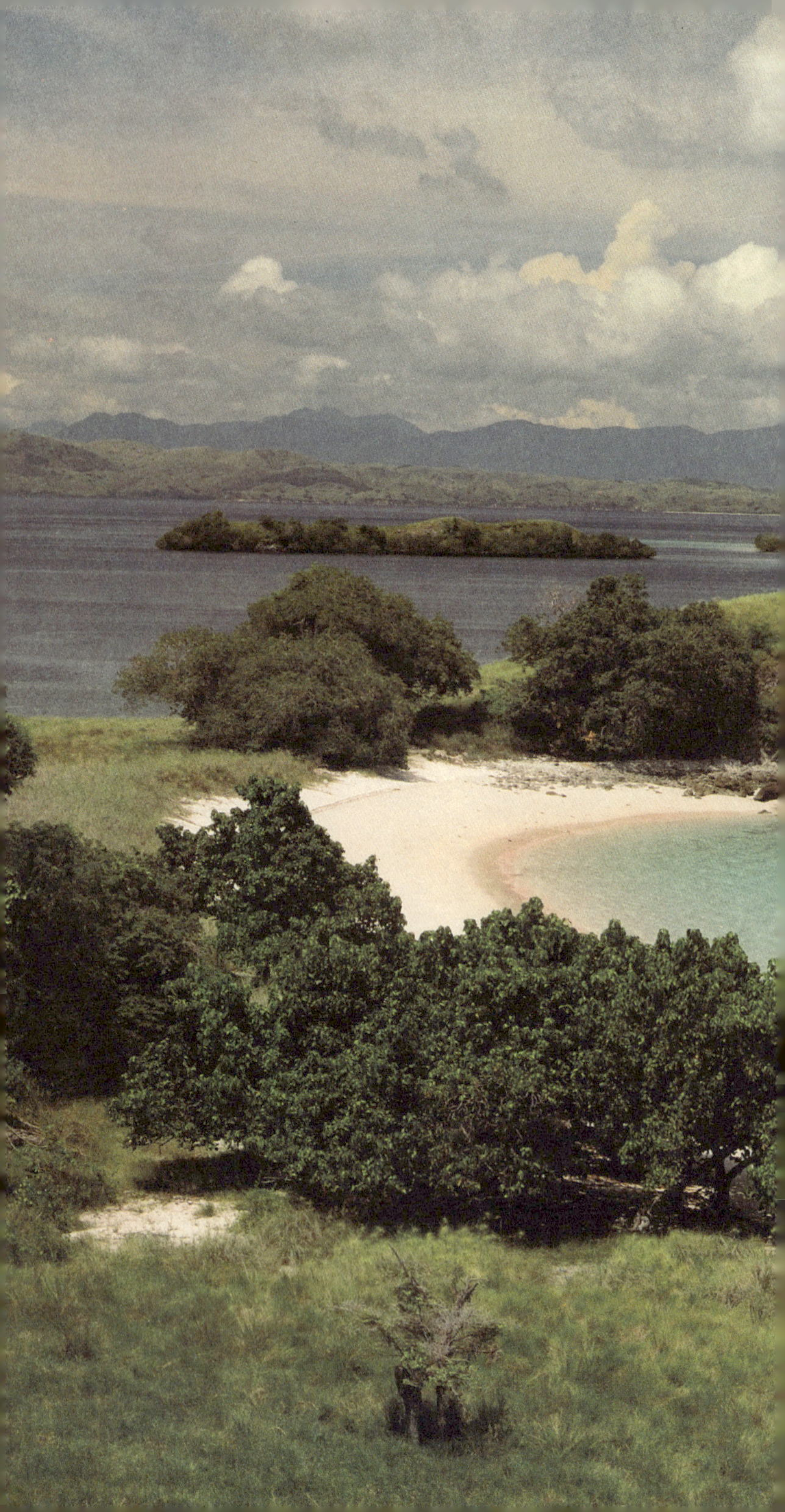

巴厘岛周边旅游热点

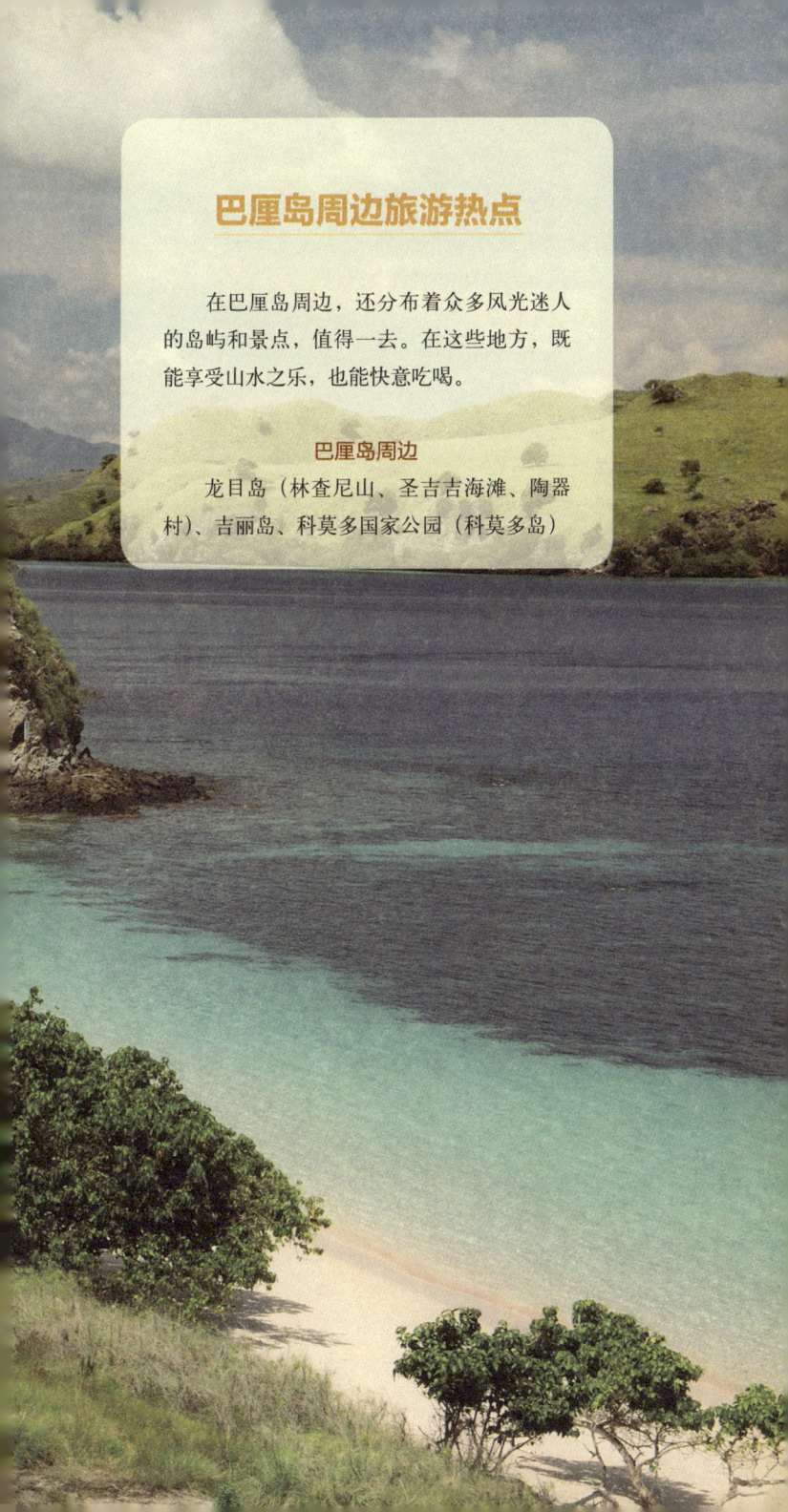

在巴厘岛周边,还分布着众多风光迷人的岛屿和景点,值得一去。在这些地方,既能享受山水之乐,也能快意吃喝。

巴厘岛周边

龙目岛(林查尼山、圣吉吉海滩、陶器村)、吉丽岛、科莫多国家公园(科莫多岛)

1. 龙目岛

龙目岛（Lombok）是印度尼西亚西努沙登加拉(Nusa Tenggara Barat)省的岛屿，小巽他群岛之一。西隔龙目海峡面对巴厘岛，东隔阿拉斯海峡(Alas)面对松巴哇(Sumbawa)，北濒爪哇海，南临印度洋。有两条山脉几乎贯穿全岛，南方山脉是石灰岩丘陵，北方山脉有林查尼(Rinjani)火山。

(1) 林查尼山

林查尼山(Mount Rinjani)是印度尼西亚最高的山峰之一，也是一座著名的活火山。由于海拔较高，每年都吸引了无数热爱火山的攀登者前来攀登。站在火山口，可以欣赏到火山湖的壮美景观。登上山顶，可以眺望周围起伏的绿色山峦，欣赏大自然的雄奇壮美。

(2) 圣吉吉海滩

圣吉吉海滩(Senggigi)是龙目岛上开发较早的旅游区，很多人来到龙目岛会把这里作为游玩的第一站，或者旅途中放松休整的中转站。这里的水上娱乐设施相对比较贫乏，出海潜水是主要的娱乐项目。大多数时候，人们喜欢在海滩边散步、游泳、晒太阳，环境相当安静。从岛上可以眺望巴厘岛，尤其日落时分，远处的阿贡山显得更加雄伟壮观。

(3) 陶器村

陶器村(Rungkang)以盛产极具龙目岛特色的赤土陶器而出名，游人在这里可以观摩陶器的制作方法，也可以亲自动手，体验制作陶器的乐趣。在参观结束后，可以购买一些陶器带回家，作为纪念品送给亲人或朋友。陶器村附近有热闹的商业街，可以看到各种传统手工艺品、绚丽民族服装等，在大型百货商店可以买到各类商品。

2. 吉丽岛

吉丽岛(Gili Islands)是紧靠龙目岛西北海岸的三个小岛。其中最大的小岛，海水平静，是潜水的最佳海域，岛上还有家规模不小的潜水学院。而最小的小岛游人较少，拥有白色沙滩，到处椰树成荫，非常适合喜欢安静度假的人。面积居中的岛屿居民最多，南岸人较多，各种设施齐全；东岸深水区适合游泳；西岸有平缓的沙滩，适合晒太阳。

吉丽岛海滩

3. 科莫多国家公园

科莫多国家公园(Komodo National Park)四周环水、风景宜人，它由科莫多岛、巴达尔岛和林恰岛组成，已被列入世界自然遗产名录。公园里生活着世界现存最大的科莫多巨蜥，也称为科莫多龙，它是恐龙的近亲。游客进入公园后可参观科莫多龙进食的场景。此外，科莫多国家公园内的岛屿普遍都是悬崖峭壁，非常凶险，但正是这些悬崖峭壁形成了公园内绝无仅有的景色。众多珊瑚礁同样也是公园景色的一部分，它们组成了水下美丽的风景线。

贴士

进入科莫多岛和在岛上住宿，都需要先到自然保护局（PHPA）申请许可证。林恰岛的要求没有这么严格，并且林恰岛的野生动植物资源更丰富，所以建议在那里住宿。巴厘岛和龙目岛的旅行社都有"科莫多岛游"的项目，为游客带来很大的方便。

旅游须知

1. 外交官旅游安全提示

巴厘岛确实是人们向往的地方。而过去巴厘有"恶魔之岛"的称谓,也是颇受世界上一些勇敢的探险家们垂青的乐园。但对于中国人来讲,曾有两大问题困扰着出行印尼旅游:一是1998年印尼的排华事件;二是2002年的巴厘岛爆炸案。但是印尼自民主改革十多年来,中印尼关系越来越好,印尼的华人处境亦变得越来越好。"恶魔之岛"现已成为过去,排华事件已成为历史。

2. 意外应急须知

(1) 行李丢失

在行李托运时,应该做一些比较明显的标记,这样方便自己认出,同时也可避免让别人拿错。一些重要的文件资料或者贵重物品,尽量不要拿去托运,要随身携带并且妥善保管。此外,不管是离开旅馆还是餐馆,都要记得检查一下你的行李是否齐全,当你离开餐厅或咖啡馆时很可能会忘记外套或者笔记本等物品。

如果你在下飞机的时候找不到自己的行李,可以与现场的工作人员联系或者到行李查询柜台询问,给工作人员看你的行李单(Claim Tag),看看是否有人拿错行李。如果行李遗失,那就要对行李进行遗失登记。在登记遗失行李表时,要写清楚行李中包含的物品和价格,如果三天没有找到行李,那么可以向航空公司或者巴士公司要求理赔。如果在旅途中丢失行李,比如在宾馆、车站等地丢失,要及时与相关工作人员联系,并报警,不过那样找回行李的几率比较低。

(2) 护照遗失

在国外旅行,护照是一个非常重要的证件,一旦丢失,要立即给中国驻印度尼西亚大使馆打电话,说明情况,并留下自己的电话。在大使馆备注后可以等半天时间,因为有可能会有好心人帮你送回护照。在等待的这段时间，你可以到附近的警察局开护照遗失证明，然后准备补办护照所需的材料，如事先准备好的照片、护照复印件、身份证原件及复印件、警察局开具的护照遗失证明及复印件等。如果没能找回护照，应尽快拿着自己的材料去大使馆补办护照。为了保险起见，你还可以提前准备一份护照的复印件。此外，把所有重要文件，包括护照、签证页、保险等，复印几份，和原件放在不同的地方，还可以把扫描好的所有重要文件存在自己的邮箱里，这样即使那些物件丢了，只要能上网，就能找到需要的文件。

(3) 信用卡和旅行支票丢失

信用卡遗失应立刻打电话至发卡银行的24小时服务中心，办理挂失与停用业务，也可以与当地信用卡公司办事处或合作银行取得联系。办理手续时需要信用卡号和有效期限，因此一定要牢记自己的信用卡号。此外，值得注意的是在网吧要慎用信用卡，有些网吧可能安装了能记录键盘输入的软件。当旅行支票丢失时，如果自己没有签名，不用担心。如果自己已经签名，就需立即给旅行支票发行公司的海外服务中心打电话挂失，停用已遗失的旅行支票，并申请重发旅行支票。

(4) 生病

巴厘岛的各主要城镇都有医院，很多酒店也有自己的诊所，并且提供24小时医疗服务。不过这里的医药很贵，可提前在国内把一些药备齐。此外，巴厘岛还有24小时国际SOS服务。建议在出发前购买健康及意外保险。如果你在巴厘岛生病或者受伤，即使是一点小伤，也可能需要支付高昂的费用，所以有保险会比较划算。

3. 赴巴厘岛友情提示

(1) 有事请找总领馆

巴厘岛已成为中国游客热门的旅游目的地之一。为了使您更好地享受假期，提出以下的友情提醒：

①请看管好自己的财物，尤其是护照、身份证等证件，最好随身携带护照、身份证复印件及白色背景头像照片，以备护照丢失时来总领馆

及时办理旅行证件回国。请注意将证件、护照与钱分开放。

②请各位游客选择有资质的正规旅行社和导游,这样在产生纠纷时可向巴厘当地政府进行投诉。

③请注意自我保护和安全,遇事及时报警。

附:中国驻泗水总领事馆联系电话:

值班手机:0062-8123014285

传真:0062-31-5674667

(2) 入乡随俗

寺庙是公认的神圣地方,进入寺庙时应衣着端庄整洁,不可穿短裤、迷你裙、袒胸露背、无袖上衣或其他不适宜的衣服。

在街上行走时,要注意避开当街排列的祭祀用品,千万不可踩踏。

不可触摸小孩子的头颅,巴厘人把头看做最神圣的地方。

(3) 注意安全

比如乘飞机、渡船、租车等,不要光图价钱便宜,这样容易出事故。中国俗话说"穷家富路"。笔者在使馆做过领事保护工作,许多案件令人痛心:有的国内劳工回家过春节时,为图便宜坐了破旧的渡船,突遇风浪而葬身大海;有人坐极为便宜的小飞机而撞山粉碎;在巴厘岛坐小船横渡,被大浪吞噬的例子也偶有发生。

(4) 追踪各类信息

现今社会,互联网极为发达便捷,建议游客及时查找各类信息。如:"3月23日是印尼巴厘岛印度教徒的'静居日',岛内交通停运,建议中国游客妥善安排行程。按当地习俗,从23日6时至24日6时,巴厘岛机场、码头、公共汽车、出租汽车均停止运行,娱乐场所停止营业,饭店禁止点灯,禁止燃放烟花爆竹,当地政府已就此发出通告。"

4. 中国驻印度尼西亚大使馆和总领馆联系方式

(1) 驻印度尼西亚大使馆(雅加达)

地址:Jl. Mega Kuningan No.2, Jakarta Selatan 12950,

Indonesia

网址：id.china-embassy.org

领事部：021-5761036(证件业务咨询，仅限工作日14:00—16:00)

使馆对外办公时间：周一至周五8:30—17:00

领事证件办公时间：周一至周五9:00—11:30(受理申请和发证)，15:00—16:00(仅发证)

签证中心办公时间：周一至周五9:00—15:00(递交签证申请)，9:00—16:00(取证及缴费)

签证中心地址：Unit 6, 2nd Floor East Building, Jl. Lingkar Kuningan, Block E.3.2 Kav 1, Jakarta 12950.

电话：021-57938655

网址：www.visaforchina.org

(2) 驻泗水总领事馆

传达室电话：031-5675825

总领馆电子邮箱：chinaconsul_sur@mfa.gov.cn

①签证厅

地址：Jalan Pakis Argosari V D-3, Surabaya

办公时间：星期一至星期五9:00—11:30, 15:00—16:00 (仅限于领取特急件)

②其他部门

地址：Jalan Mayjend. Sungkono Kav.B1/105, Surabaya

办公时间：星期一至星期五8:30—12:00, 14:00—17:00

(3) 驻棉兰总领馆

地址：Jalan Walikota No.9, Medan 20152

办公时间：星期一至星期五8:30—12:00, 14:00—17:00

前台：061-4535666

办公室：061-4571232

领事部电话：061-80013167

领事部传真：061-80013161

传真号：061-4571261

邮箱：chinaconsul_mdn_id@mfa.gov.cn

©《中国公民出游宝典》编委会 2014
所有权利（含信息网络传播权）保留，未经许可，不得以任何方式使用。

图书在版编目（CIP）数据

海岛明珠巴厘岛/《中国公民出游宝典》编委会编著. —北京：测绘出版社，2014.5
（中国公民出游宝典）
ISBN 978-7-5030-3390-2

Ⅰ.①海… Ⅱ.①中… Ⅲ.①旅游指南 - 印度尼西亚 Ⅳ.①K934.29

中国版本图书馆CIP数据核字（2014）第033549号

人文地理作者： 胡中乐

策　　划：赵　强		
责任编辑：黄　波		
地图编辑：黄　波		
责任印制：陈　超		
出版发行	测绘出版社	电　　话　010-83543956（发行部
地　　址	北京市西城区三里河路50号	010-68531609（门市部
邮政编码	100045	010-68531363（编辑部
电子信箱	smp@sinomaps.com	网　　址　www.chinasmp.com
印　　刷	北京新华印刷有限公司	经　　销　新华书店
成品规格	125mm×210mm	印　　张　4.5
字　　数	110千字	版　　次　2014年5月第1版
印　　次	2014年5月第1次印刷	定　　价　30.00元
书　　号	ISBN 978-7-5030-3390-2/K·438	
审 图 号	GS（2014）149号	

本书如有印装质量问题，请与我社门市部联系调换。